轨道车辆故障诊断
与检修策略研究

杨林曼　张　赞　著

东北大学出版社

·沈　阳·

图书在版编目(CIP)数据

轨道车辆故障诊断与检修策略研究 / 杨林曼，张赞

著. — 沈阳：东北大学出版社，2025. 1. — ISBN 978-

7-5517-3769-2

Ⅰ. U279.3

中国国家版本馆 CIP 数据核字第 2025Y939K3 号

———————————————————————————————————————

出　版　者：东北大学出版社

　　　　　　地址：沈阳市和平区文化路三号巷 11 号

　　　　　　邮编：110819

　　　　　　电话：024-83683655(总编室)

　　　　　　　　　024-83687331(营销部)

　　　　　　网址：http://press. neu. edu. cn

印　刷　者：沈阳文彩印务有限公司

发　行　者：东北大学出版社

幅面尺寸：185 mm×260 mm

印　　张：8

字　　数：158 千字

出版时间：2025 年 1 月第 1 版

印刷时间：2025 年 1 月第 1 次印刷

责任编辑：项　阳

责任校对：周　朦

封面设计：张田田　潘正一

责任出版：初　茗

———————————————————————————————————————

ISBN 978-7-5517-3769-2　　　　　　　　　　　定　价：45.00 元

前　言

　　近年来，随着高速铁路、地铁、轻轨等轨道交通系统的快速发展，轨道车辆的数量和种类不断增加，运行速度和载重能力也大幅提升，其安全性、可靠性和运行效率日益受到广泛关注。传统的故障诊断方法和检修策略已难以满足当前高效、精准、智能化的维护需求，因此，迫切需要探索和应用先进的故障诊断技术，优化检修策略，以确保车辆正常运行，减少事故风险，延长使用寿命。

　　本书基于河北轨道运输职业技术学院的教学经验，首先对轨道车辆故障模式进行分析，然后介绍轨道车辆故障诊断理论，总结轨道车辆故障诊断方法与技术，最后对轨道车辆故障检修策略进行探究和讨论。希望通过本书的介绍，能够为读者在轨道车辆故障诊断与检修策略研究方面提供参考和借鉴。

　　在撰写本书的过程中，得到了许多专家、学者的帮助和指导，参考了相关学术文献，在此表示真诚的感谢。本书内容系统全面，论述条理清晰、深入浅出，力求论述翔实，但是由于笔者水平有限，书中难免有疏漏之处，希望广大读者批评指正。

著　者

2024 年 10 月

目　录

第一章　轨道车辆故障模式分析

第一节　轨道车辆机械故障

一、轨道车辆车体结构故障

（一）车体结构疲劳断裂

轨道车辆车体结构承担着车辆自重、载荷以及线路不平顺等多重作用力，长期处于交变应力作用下，极易产生疲劳断裂，严重威胁行车安全。因此，深入分析轨道车辆车体结构疲劳断裂机理，研究有效的预防和控制策略，对于提高铁路运输安全性、可靠性具有重要意义。

车体结构疲劳断裂的形成是一个渐进累积的过程，通常开始于材料缺陷、应力集中等薄弱部位。在循环载荷的反复作用下，这些薄弱区域会逐渐产生微观裂纹，并随着载荷的继续作用而不断扩展。当裂纹尺寸达到临界值时，材料的承载能力会急剧下降，最终导致断裂失效。轨道车辆车体结构疲劳断裂通常发生在应力水平较高的区域，如车体侧墙与底架连接处、端墙与顶板连接处等。这些部位往往存在较大的结构不连续性，应力分布复杂，易形成应力集中。同时，车体结构制造和焊接过程中引入的缺陷，如焊接残余应力、未焊透、夹渣等，也是诱发疲劳断裂的重要因素。

为了有效防止轨道车辆车体结构疲劳断裂，在设计阶段，应合理选择车体材料，优化结构布置，减小应力集中，提高车体结构的疲劳强度。例如，采用高强度、高韧性的轻量化材料，如高强度铝合金、不锈钢等，可以显著提高车体的抗疲劳性能。同时，通过有限元分析等数值模拟技术，优化车体结构设计，改善应力分布，降低应力集中程度。在车体结构的连接方式上，可采用焊接、铆接、粘接等多种方式的组合，减小单一连接方式的应力集中风险。

在制造阶段，应严格控制焊接工艺参数，减少焊接缺陷的引入。焊接残余应力是导致车体结构疲劳断裂的重要诱因，因此，需要采取有效措施（如合理设计焊接顺序、优化焊接参数、采用焊后热处理等）来降低焊接残余应力水平。

同时，应加强焊接质量的无损检测，及时发现和消除焊接缺陷，如裂纹、未焊透、夹渣等。先进的无损检测技术，如超声波探伤、X射线探伤等，可以有效识别焊缝内部的各类缺陷，为车体结构的可靠性提供保障。

在运维阶段，应建立完善的车体结构疲劳断裂监测和评估体系。定期开展车体结构疲劳强度检测，重点关注应力集中区域和疲劳敏感部位，及时掌握车体结构的疲劳强度退化规律。基于监测数据，采用疲劳可靠性理论和断裂力学方法，评估车体结构的剩余寿命，制定合理的检修、更换策略。同时，运用声发射、声学等在线监测技术，实现车体结构疲劳断裂的早期预警，避免断裂失效的突然发生。建立完善的大数据平台，汇集车体结构设计、制造、检测、维修等全生命周期数据，深度挖掘车体结构疲劳演化规律，为轨道车辆的设计优化、运维决策提供数据支撑。

（二）车体结构腐蚀

车体结构腐蚀不仅会影响车辆的外观和乘坐舒适度，更会降低车辆的安全性和使用寿命。腐蚀作用可导致车体结构材料的力学性能下降，引发疲劳开裂、变形等问题，严重时甚至会造成结构断裂，带来巨大的安全隐患。因此，深入分析车体结构腐蚀的成因、表现形式和危害机理，对于预防和控制该类故障具有重要意义。

轨道车辆车体结构的腐蚀主要是由电化学腐蚀引起的。在轨道车辆运行环境中，车体结构材料长期暴露于潮湿、盐雾等腐蚀性介质中，导致金属表面发生阳极溶解反应，生成氧化物或氢氧化物，从而引发腐蚀。此外，由于轨道车辆运行时的振动和冲击作用，腐蚀产物易从金属表面脱落，暴露出新的金属表面，加速腐蚀的进程。腐蚀还会导致车体结构的表面粗糙度增加，影响车辆的空气动力学性能，增加运行阻力。

车体结构腐蚀的表现形式多种多样，主要包括全面腐蚀、点蚀、缝隙腐蚀和应力腐蚀开裂等。全面腐蚀是指金属表面全部或大部分区域发生的均匀腐蚀，它会导致车体结构材料的厚度减小，降低结构强度。点蚀是一种局部化的腐蚀形式，表现为金属表面出现大小不一、深浅不同的蚀坑，严重影响车体结构的表面质量和美观度。缝隙腐蚀多发生在车体结构的连接部位，如焊缝、铆钉周围等，由于这些区域易积存污垢、不易清洁，导致腐蚀介质在缝隙中富集，加快腐蚀速率。应力腐蚀开裂是在持续拉应力和腐蚀介质共同作用下产生的一种开裂失效，它会显著降低车体结构的疲劳强度和断裂韧性，是车体结构失效的主要原因之一。

车体结构腐蚀会产生一系列危害，影响车辆的安全性、可靠性和使用寿命。腐蚀导致的材料力学性能退化，会削弱车体结构的承载能力和抗冲击性能，增加疲劳断裂和脆性断裂的风险。腐蚀还会加速车体结构的磨损和老化，缩短其使用寿命，增加维护和更换成本。此外，车体结构表面的腐蚀损伤还会影响车辆的美观度和乘坐舒适性，降低乘客的出行体验。

为了预防和控制车体结构腐蚀故障，需要从材料选择、结构设计、表面防护等多个方面入手。在材料选择上，应优先采用耐腐蚀性能优异的合金材料，如不锈钢、铝合金等。同时，要合理设计车体结构，避免应力集中、缝隙等易发生腐蚀的薄弱环节。在阳极和阴极表面涂覆防腐涂层，可有效隔绝腐蚀介质，延缓腐蚀进程。定期对车体结构进行清洁和防腐蚀处理，也是减缓腐蚀的有效措施。

(三) 车体结构变形

由于轨道车辆服役环境复杂多变，车体结构需要承受来自多方面的应力作用，如车辆运行产生的振动冲击、突然制动带来的惯性力、货物装卸引起的局部应力集中等。当这些应力超过车体结构材料的弹性极限时，就会导致车体产生塑性变形，严重影响车辆的运行安全和乘坐舒适性。

从失效模式来看，轨道车辆车体结构变形故障主要表现为局部凹陷、整体弯曲变形、连接部位错位等。其中，局部凹陷多发生在车体侧面和顶部，通常是由于外力撞击或不均匀受力导致的。例如，列车与月台或其他障碍物发生擦碰时，撞击力会使车体蒙皮产生凹陷变形。又如，当轨道不平顺时，轮轨冲击力的反复作用会使车体底架结构局部变形。整体弯曲变形常见于车体纵梁、侧梁等主承力结构，多由载荷分布不均、悬挂系统失效等原因引起。一旦这些关键结构发生弯曲变形，将直接影响车体的整体强度和刚度，甚至引发连锁失效。除此之外，车体连接部位（如端墙与侧墙、车顶与侧墙之间）也容易因焊接质量缺陷、应力集中等因素发生错位变形，危及车辆的密封性和气密性。

轨道车辆车体结构变形故障的成因是多方面的。材料选用不当、制造工艺缺陷是导致车体结构强度不足的内在原因。例如，使用屈服强度偏低的铝合金材料，或采用不合理的焊接工艺参数，都可能为车体变形故障埋下隐患。而恶劣的运营环境、频繁的超载使用则是加剧车体结构变形的外部诱因。当车辆长期暴露在温度骤变、湿度较大的环境中时，车体材料的力学性能会逐渐退化，抗变形能力大幅下降。货车超载运输时，车体各部件的应力水平远超设计限值，在交变载荷的反复作用下，局部变形累积会引发整体失稳。此外，轨道不平顺、线路曲率半径不足等基础设施因素，也会加剧车体的振动冲击响应，诱发结构变形故障。

车体结构变形会对轨道车辆的安全运营构成严重威胁。一方面，变形会直接削弱车体的强度和刚度，降低其抵御外部载荷的能力。当变形进一步发展时，还可能引起车体断裂、连接失效等更严重的后果。另一方面，车体变形会影响车辆动力学性能，加剧轮轨相互作用，引起行车不平稳，甚至导致脱轨等事故。例如，车体错位变形会改变轮对的相对位置，导致轮轨接触几何关系恶化，增大脱轨风险。同时，变形还会破坏车体的气密性和水密性，降低乘坐舒适度，加速车内设备的老化。因此，有必要采取有效措施，防范和控制车体结构变形故障。

在设计阶段，应合理选择车体材料，提高其比强度和抗疲劳性能。优化车体结构布置，减少应力集中，提高车体的整体刚度。改进制造工艺，严格焊接质量控制，提升车体抗变形能力。在运营阶段，应加强线路维护，保证轨道平顺，减缓车体的振动冲击响应。合理调配运力，避免车辆超载使用。开展车体结构定期检测，及时发现变形缺陷，实施维修或改造。同时，应借助有限元分析、实验模态测试等技术手段，深入研究车体结构的变形机理，优化设计参数，从根本上提升车体的可靠性和安全性。

二、轨道车辆车轮与转向架故障

（一）车轮磨耗与剥落

车轮磨耗与剥落故障不仅会影响车辆的运行品质和乘坐舒适度，更会危及行车安全。车轮磨耗是指车轮踏面在与钢轨反复接触过程中，由于滚动摩擦和冲击载荷的作用而产生的材料脱落现象。当磨耗达到一定程度时，车轮踏面的形状将发生改变，导致轮轨接触关系恶化，引起冲击和振动加剧。严重的车轮磨耗还可能引发踏面剥落，形成材料脱落的凹坑或麻点，进一步破坏车轮的完整性和均匀性。

车轮磨耗与剥落故障的成因复杂，既有车辆自身因素，也有线路环境和运营条件等外部因素。就车辆自身而言，车轮材料的选用、热处理工艺的控制以及车轮踏面的设计形状都会影响其磨耗和剥落特性。例如，采用高强度的车轮钢材，并通过合理的调质处理，可以有效提升车轮的耐磨性和抗剥落能力。而车轮踏面若设计不当，如踏面锥度过大或曲率半径不合理，则会加剧轮轨冲击和蠕滑，加速车轮材料的损耗。

外部环境因素同样对车轮磨耗和剥落故障具有重要影响。线路不平顺、轨道几何状态不良都会引起车轮动载增大，加速踏面材料的磨损和疲劳。特别是在曲线、道岔等特殊线路区段，由于轮轨相互作用复杂，车轮磨耗往往更为严重。另外，机车车辆超载运行，牵引和制动力频繁变化也会加剧车轮踏面的磨损。环境温度、湿度的异常变化以及降雨、降雪等恶劣天气也可能诱发车轮踏面的剥落。

一旦发现车轮磨耗或剥落迹象，需要及时对车轮进行旋修或更换，恢复其正常的服役状态。与此同时，加强线路养护，提高轨道几何状态质量，也是控制车轮磨耗和预防剥落故障的重要举措。在列车运行过程中，还应注意控制机车牵引力和列车荷载，避免超载运行，以延长车轮的使用寿命。

（二）车轮踏面不圆度

车轮踏面不圆度是指车轮踏面局部磨损或剥落，导致踏面形状偏离理想的圆形轮廓，呈现出不规则的形状变化。车轮踏面不圆度会产生一系列不利影响，严重时甚至危及行车安全。深入分析车轮踏面不圆度故障的成因、危害和诊断方法，对于提高轨道车辆运行的平稳性和可靠性具有重要意义。

车轮踏面不圆度的形成原因复杂多样。从材料角度来看，车轮制造过程中的工艺缺陷，如材料不均匀、热处理不当等，会导致车轮硬度分布不均，局部抗磨性能下降，加速踏面磨损。从载荷角度来看，超载运营和冲击载荷会加剧车轮局部应力集中，引发蠕变和塑性变形，最终导致踏面形状异常。此外，线路状况不佳，如钢轨波磨、焊接不平顺等，也会加速车轮踏面的不均匀磨耗。环境因素（如砂石、雨雪侵蚀），也会破坏踏面的完整性。多种因素的综合作用，使得车轮踏面不圆度成为一种较为普遍的故障形式。

车轮踏面不圆度对轨道车辆的安全平稳运行构成严重威胁。首先，踏面形状的异常变化会引起车轮与钢轨之间的冲击和振动，加剧轮轨动态作用力，降低车辆的运行平稳性。随着速度的提高，这种振动会进一步放大，产生恼人的噪声，降低乘坐舒适度。其次，车轮踏面不圆度会导致轮重分布不均，个别轮子承载过大，加速疲劳损伤，缩短使用寿命。与此同时，踏面局部的尖锐凸起还可能引发轮轨相互滑移和攀爬，极端情况下甚至导致脱轨等严重事故。此外，车轮踏面不圆度还会加速车轮对钢轨的冲击和磨耗，恶化线路通过质量，提高轨道和车辆的维修成本。可以说，车轮踏面不圆度已经成为制约轨道车辆安全、高效、经济运营的重要"瓶颈"。

车轮踏面不圆度故障的诊断需要综合运用多种检测手段。目前，国内外铁路部门普遍采用轮径差动检测装置，通过三点法测量轮径差来判断车轮踏面圆度。该方法具有在线检测、实时预警的优势，但易受轮缘磨耗和传感器安装位置的影响。声学法是另一种有效的诊断技术，其原理是利用麦克风采集车轮滚动噪声信号，通过频谱分析识别不圆度故障特征。该方法灵敏度高，能够及早发现轻微的圆度缺陷，但抗噪声干扰能力有待提高。此外，基于图像处理的踏面轮廓检测、超声导波无损检测等新兴技术也得到了广泛关注。这些方法各有优劣，在实际应用中需要根据现场条件和检测需求灵活选用，必要时进行联合诊断，以提高故障识别的准确性和可靠性。

针对车轮踏面不圆度故障，轨道车辆运营单位应建立起完善的预防和处置机制。在日常养护中，要加强车轮踏面状态监测，及时淘汰和更换圆度超限的车轮，避免故障进一步恶化。同时，要优化车辆检修工艺，采用先进的车轮加工设备和工艺，提高一次成型精度。在线路维护方面，要加大钢轨打磨、焊接平顺等工作力度，为车轮提供良好的运行环境。乘务人员也应增强车轮故障的识别能力，在列车启动和制动时避免急剧加减速，减少冲击载荷。从根本上说，预防和控制车轮踏面不圆度故障，需要调动车辆、线路、乘务等各部门的积极性，形成齐抓共管的工作合力。唯有如此，才能最大限度地降低该故障发生的概率，提升轨道车辆系统的整体安全性和可靠性。

（三）转向架构架裂纹

由于转向架构架长期处于交变载荷作用下，极易发生疲劳断裂，成为制约转向架使用寿命和可靠性的主要因素之一。转向架构架裂纹故障不仅会导致转向架刚度下降、动态性能恶化，还可能引发车辆脱轨、侧翻等严重事故，给乘客的生命财产安全带来巨大威胁。因此，深入分析转向架构架裂纹故障机理，探索有效的故障诊断与检修策略，对于保障轨道车辆运营安全、提升转向架可靠性水平具有重要意义。

转向架构架裂纹故障通常起源于构架材料内部的微观缺陷，如夹渣、气孔等。在车辆运行过程中，这些缺陷处承受的应力较为集中，极易形成应力集中源。随着载荷的反复作用，局部应力不断累积，当超过材料的疲劳极限时，微观裂纹就会在缺陷处产生。裂纹的产生破坏了构架的完整性，使其刚度和强度急剧下降。而随着裂纹的不断扩展，构架的承载能力进一步恶化，最终可能引发断裂失效。值得注意的是，转向架构架多采用铸钢或焊接结构，其内部往往存在着大量的初始缺陷。这些缺陷在车辆运行产生的动态应力作用下极易演化为疲劳源，是引发构架裂纹的重要原因。

除材料缺陷外，不合理的结构设计也是导致转向架构架裂纹故障的重要原因。为了追求转向架的轻量化，一些设计采用了过于复杂的薄壁结构，这虽然减轻了构架的自重，但也降低了其刚度和强度，使应力分布更加不均匀。在车辆运行过程中，这些薄弱区域承受着较大的动应力，极易成为裂纹产生和扩展的"重灾区"。此外，转向架构架上的各类焊缝、螺栓孔等应力集中部位也是裂纹的多发区。这些区域的几何形状和加工质量对裂纹的形成具有决定性影响。粗糙的焊缝、尖锐的缺口以及加工表面的划痕、伤痕等，都会显著提高局部应力水平，加速裂纹的产生与扩展。

为了有效预防和控制转向架构架裂纹故障，必须建立完善的故障诊断与检修体系。首先，应加强对构架材料质量的控制，尽量减少铸件内部夹渣、气孔等缺陷，提高材料的抗疲劳性能。其次，要优化转向架构架设计，合理选择壁厚，避免应力过于集中，提高构架的整体刚度和强度。再者，要严格控制构架焊接和机加工质量，消除焊缝缺陷，减小几何应力集中，延缓裂纹产生。在车辆运营方面，应建立完善的构架裂纹检测制度，定期开展无损检测，及时发现和监控裂纹的扩展情况。一旦发现严重裂纹，要第一时间对构架进行检修或更换，消除安全隐患。此外，还应加强对转向架使用环境的监测，避免恶劣路况和严酷气候对构架疲劳性能的影响。

三、轨道车辆制动系统故障

（一）制动盘磨损

制动盘作为制动力的施加面，在列车制动过程中承受着巨大的机械应力和热应力，这些应力的长期作用会导致制动盘表面材料的损耗，进而引发磨损故障。制动盘磨损的形成通常可分为三个阶段：初始磨损阶段、稳定磨损阶段和严重磨损阶段。在初始磨损阶段，制动盘表面的微观突起被剪切，形成细小的磨屑。随着制动次数的增加，制动盘与制动片之间逐渐形成良好的贴合，磨损速率趋于稳定，进入稳定磨损阶段。若制动盘长期处于高温、高应力状态，或者制动片材料选用不当，就可能加速磨损进程，导致严重磨损的出现。在严重磨损阶段，制动盘表面出现明显的划痕、剥落等失效特征，制动效能显著下降，严重危及行车安全。

影响制动盘磨损的因素是多方面的，既有来自制动盘自身的材料特性、结构设计等内因，也有来自列车运行工况、环境条件等外因。就材料特性而言，制动盘多采用高强度铸铁或合金钢制造，但不同牌号、不同成分配比的材料，其物理力学性能存在差异，抗磨损能力也有高低之分。通过优化材料成分，提高制动盘基体的强度和韧性，可在一定程度上延缓磨损进程。而在结构设计方面，合理的散热肋布置、通风槽设计，有助于提高制动盘的散热效果，降低制动时的瞬时高温，从而减缓热应力引起的磨损。

列车的运行工况对制动盘磨损也有显著影响。频繁的制动、高速的行驶、陡峭的坡道都会加剧制动盘所受载荷，加速材料的疲劳损伤，引起磨损加剧。相比之下，平稳的运行、合理的制动控制策略，则有利于延长制动盘的使用寿命。环境温度、湿度等外界因素也不容忽视，高温环境下制动盘散热不良，低温环境下制动盘表面易结露，这些都可能导致局部磨损加速。科学的维护保养，如定期清理制动盘表面的油污、锈蚀，检测制动盘几何尺寸和表面形貌，是控制磨损的有效手段。

（二）制动片开裂

制动片开裂不仅直接影响列车的制动性能和停车精度，更可能引发严重的行车安全事故。因此，深入分析制动片开裂故障的成因机理、演化规律和预防措施，对于保障轨道车辆运行安全、提升系统可靠性具有重要意义。

制动片开裂故障通常源于材料缺陷、热应力循环和磨损等因素的综合作用。就材料缺陷而言，制动片的生产制造过程中，如果原材料质量不合格、配比不当或工艺控制不严，可能导致制动片内部存在显微裂纹、气孔等缺陷。这些缺陷在列车反复制动过程中，会成为应力集中点，诱发裂纹产生和扩展。热应力循环则是指制动片在频繁的制动摩擦中，表面温度急剧升高，而内部温度相对较低，由此产生的温差导致热应力交替变化。长此以往，热疲劳损伤累积，材料强度下降，裂纹产生概率大大提高。磨损作为制动片的工作本质，一方面会改变制动片的应力分布状态，加剧局部应力集中；另一方面，磨屑的堆积也可能阻塞制动片与制动盘的正常接触，诱发热斑、局部过热，加速裂纹的产生与扩展。

制动片开裂故障的演化通常经历产生、扩展和失效三个阶段。在产生阶段，制动片内部或表面的微小缺陷、裂纹在交变应力作用下逐渐增大，但尚未对制动性能产生明显影响。随着裂纹不断扩展，制动片的完整性逐步丧失，制动效能开始下降，噪声、振动等问题日益突出。当裂纹发展到临界尺度时，残余强度无法承载制动载荷，制动片会突然断裂，丧失制动功能，如果此时列车正处于高速运行状态，极易酿成重大事故。值得注意的是，制动片开裂故障的演化并非孤立的，而是与磨损、氧化、疲劳等复杂的物理化学过程交织在一起，具有明显的耦合特征和非线性。

针对制动片开裂故障，轨道车辆运营维护部门应采取切实有效的预防性措施。首先是加强制动片材料及生产工艺的质量控制，优选高强度、高韧性、耐磨损的制动材料，改进制造流程，提高原材料利用率和制动片成品率。其次是建立制动片故障监测和故障预警机制，采集制动片温度、振动、位移等特征参数，运用大数据分析等技术及早发现裂纹产生的征兆，实施状态检修或预防性更换。再次是优化列车运行工况，合理安排制动制度，尽量避免持续制动、过载制动等不利工况，降低制动系统的热载荷和机械载荷水平。同时，应加强列车司机的技能培训和安全意识教育，规范操纵行为，降低人为因素诱发的风险。

（三）制动管路泄漏

制动管路作为连接各制动器的重要通道，一旦发生泄漏，不仅会导致制动性能下降，还可能引发严重的安全事故。因此，深入分析制动管路泄漏的成因、表现形式和危害机理，对于提高轨道车辆运行安全性和可靠性具有重要意义。

从故障成因来看，制动管路泄漏主要源于材料老化、疲劳损伤以及外力作用等因素。轨道车辆长期处于剧烈振动、频繁制动的工况下，制动管路材料容易产生疲劳裂纹，导致气密性下降。同时，管路材料在高温、潮湿等恶劣环境中易发生老化，使得管壁强度下降，进一步加剧泄漏风险。此外，轨道车辆在运营过程中难免遭受异物撞击、盘管磨损等外力作用，这也是制动管路损伤泄漏的重要诱因。

制动管路泄漏通常表现为管路接头处漏气、管壁开裂渗漏等现象。当泄漏程度较轻时，仅会引起制动压力下降，导致制动距离延长。但如果泄漏量较大，则可能导致制动器完全失效，严重威胁行车安全。值得注意的是，由于制动管路布置复杂、分布广泛，泄漏位置往往较隐蔽。这就要求检修人员具备丰富的故障诊断经验和细致的排查能力，及时发现和消除泄漏隐患。

制动管路泄漏会引发一系列连锁反应，最终导致制动性能严重下降。一方面，泄漏会导致制动管路压力不稳定，使得制动器输出动力不均匀，影响列车的直线行驶稳定性。另一方面，泄漏还会延长制动力建立时间，降低紧急制动时的响应速度。一旦遇到突发情况需要紧急停车时，制动距离的延长可能酿成重大事故。此外，制动管路泄漏还会加剧制动盘磨损，缩短其使用寿命，增加运营和维护成本。

四、轨道车辆悬挂系统故障

（一）弹性元件失效

悬挂系统的弹性元件主要包括空气弹簧、橡胶块、螺旋弹簧等，它们通过自身的变形来吸收和缓冲来自轮轨之间的振动冲击，降低车体的振动水平。然而，在长期的动态载荷作用下，这些弹性元件难免会出现疲劳、老化、断裂等问题，导致悬挂系统的减震隔振性能下降，甚至危及行车安全。

1. 空气弹簧

空气弹簧利用压缩空气的弹性来支撑车体，具有频率特性好、阻尼可调、失效后果不严重等优点。但空气弹簧也存在一些固有的缺陷，如气密性差导致的漏气、空气阀门故障引起的高度异常等。一旦出现这些问题，空气弹簧就无法正常工作，车体会直接与转向架刚性连接，悬挂系统的减震效果大打折扣。为了避免空气弹簧失效，需要定期检查其气密性，更换老化的橡胶膜片，清洗或更换堵塞的空气阀门。

2. 橡胶块

橡胶块是另一种常见的弹性元件，它利用橡胶材料的高弹性和高阻尼特性来吸收振动能量。与空气弹簧相比，橡胶块结构简单、造价低廉，但其刚度和阻尼特性容易受到温度、频率等因素的影响，使用寿命也相对较短。橡胶块的典型失效模式包括：剪切变形过大导致的撕裂、表面开裂、脱粘等。一旦橡胶块失效，悬挂系统的刚度会发生突变，轮轴的横向和纵向位移得不到有效约束，影响车辆的运行平稳性。因此，需要定期检查橡胶块的变形情况和表面状态，及时更换老化或损坏的橡胶块。

3. 螺旋弹簧

螺旋弹簧是传统机械悬挂系统的主要弹性元件，它利用金属材料的弹性变形来存储和释放振动能量。相比空气弹簧和橡胶块，螺旋弹簧的优点是结构简单、维护方便，但其线性刚度特性无法适应重载和空载工况的差异，且金属疲劳断裂的风险较高。螺旋弹簧的失效模式主要有：大应力导致的疲劳断裂、过大变形导致的塑性变形、扭矩方向错误导致的强迫变形等。一旦弹簧断裂或变形，悬挂系统就丧失了支撑车体的能力，车体会直接落在转向架上，产生剧烈振动和冲击，严重影响乘坐舒适性。为了防止螺旋弹簧失效，需要控制其工作应力水平，避免过载或疲劳损伤；定期检查弹簧的完整性，及时更换表面有裂纹或变形的弹簧。

除了上述常见的弹性元件外，现代轨道车辆悬挂系统还采用了一些新型材料和结构，如金属橡胶、液压弹簧等。这些新型弹性元件在提高减震性能的同时，也面临着失效风险的挑战。例如，金属橡胶具有非线性刚度特性和高阻尼特性，但其蠕变和疲劳性能有待提高；液压弹簧具有优异的频率特性和阻尼特性，但其密封性和可靠性还需进一步验证。总之，无论采用何种弹性元件，都需要重视其失效模式和机理的研究，建立完善的状态监测和故障诊断方法，及时发现和处置早期故障征兆，从而保障悬挂系统的安全可靠运行。

弹性元件失效不仅会直接影响悬挂系统的减震隔振性能，还可能引发一系列连锁反应，甚至导致严重的行车事故。例如，当空气弹簧漏气或橡胶块老化时，车体高度会逐渐降低，导致车底与轨面间隙减小，增加与路基、轨枕等设施发生碰撞的风险；当螺旋弹簧断裂时，失去弹性支撑的车体会沉降到转向架上，车轮可能脱轨，危及行车安全。因此，有必要建立弹性元件失效的预警和应急处置机制，根据失效模式和程度采取针对性的维修或限速运行措施，避免失效恶化和事故扩大。

（二）减震器故障

由于轨道车辆运行环境的复杂性和服役条件的严苛性，减震器故障时有发生，严重影响车辆的正常运行。因此，深入分析轨道车辆减震器的故障模式及其影响因素，对于提高车辆的运行可靠性和维修质量具有重要意义。

从故障表现形式来看，轨道车辆减震器故障主要包括漏油、失效、性能退化等。其中，漏油是最为常见的故障模式，主要是由于密封圈老化、损坏或安装不当导致的。漏油会造成减震器内部油量不足，降低其阻尼性能，导致车辆平稳性下降，甚至引发安全事故。失效则是指减震器完全丧失阻尼功能，使车辆在运行过程中出现剧烈振动或颠簸，严重影响乘坐舒适性和行车安全性。性能退化则表现为减震器阻尼力不足或阻尼特性曲线偏离设计值，虽然不会导致完全失效，但也会对车辆的运行品质产生不利影响。

从影响因素来看，轨道车辆减震器故障的成因错综复杂。首先，减震器自身的设计和制造质量是影响其可靠性的关键因素。优化的结构设计、精良的制造工艺和严格的质量控制，是确保减震器性能稳定的重要保证。其次，轨道车辆的运行工况也会对减震器性能产生重要影响。频繁的加速、制动和转向等动作，会加剧减震器内部零部件的磨损和疲劳，缩短其服役寿命。而恶劣的运行环境，如高温、潮湿、多尘等，则会加速减震器密封圈的老化和腐蚀，诱发漏油等故障。此外，维修保养不当也是导致减震器故障的重要原因。定期检查和更换易损件、保证合理的油位和气压、避免异物污染等，都是延长减震器使用寿命、降低故障风险的有效措施。

鉴于减震器故障对轨道车辆安全运行的重要影响，相关部门和企业应高度重视减震器的设计优化、质量管控和维修保养工作。在设计阶段，应充分考虑轨道车辆的实际运行工况，选用优质的材料和零部件，优化减震器的结构参数和阻尼特性，提高其适应性和可靠性。在制造阶段，应严格执行相关质量标准和工艺规范，加强生产过程控制和出厂检验，确保产品性能的一致性和稳定性。在运营阶段，应建立完善的减震器故障监测和预警机制，定期开展性能检测和状态评估，及时发现和排除潜在隐患。同时，应制定科学的维修保养策略，优化检修周期和内容，提高检修质量和效率。

（三）锁止装置故障

锁止装置由于所处的工作环境恶劣，长期承受着各种动态载荷的作用，容易产生疲劳损伤、磨损、变形等故障，严重影响车辆的正常运行。锁止装置故障的类型多样，主要包括锁止销脱落、锁止块磨损、弹簧疲劳断裂等。锁止销作为连接锁止块和横向减震器的关键零件，在车辆运行过程中承受着交变载荷的作用。如果锁止销与锁止块的配合间隙过大或锁止销自身强度不足，就容易导致锁止销脱落，使锁止装置失效。锁止块直接与构架和轮对箱滑板接触，在车辆运行中不断受到冲击和摩擦，表面容易产生局部磨损，这种磨损会破坏锁止块的几何形状，降低锁止力，影响车辆运行品质。弹簧是锁止装置的另一个关键零部件，其作用是提供锁止力，保证锁止块与构架、轮对箱的可靠接触。但是，弹簧在长期的动态载荷作用下会产生疲劳损伤，严重时甚至会发生断裂，导致锁止力不足，车辆出现剧烈振动和颠簸。

造成锁止装置故障的原因复杂多样，既有设计制造方面的缺陷，也有运营维护中的问题。从设计角度看，锁止装置的结构形式、材料选择、工艺水平等都会影响其可靠性和耐久性。如果设计不合理、材料性能差、制造工艺粗糙，锁止装置的初始质量就得不到保证，使用寿命也会大打折扣。从运营维护角度看，锁止装置所处的部位隐蔽、结构紧凑，维修保养难度较大。如果日常检查不到位、维护周期不合理、维修质量不过关，就容易加速锁止装置的磨损和老化，埋下故障隐患。此外，线路条件恶劣、超载运营等外部因素也会加剧锁止装置的劣化，增大故障发生率。

锁止装置故障不仅影响乘坐的舒适度，更对行车安全构成严重威胁。当锁止装置失效时，车辆的减震功能会显著下降，轮对容易产生蛇行、摇头等不稳定运动，加剧轮轨动态作用力，引发脱轨、倾覆等重大事故。同时，锁止装置故障还会导致车辆振动加剧、噪声增大，影响乘客的乘坐体验。因此，有必要采取有效措施，加强锁止装置的状态监测和故障诊断，及时发现和处置潜在隐患。

针对锁止装置易发故障的特点，轨道交通运营部门应建立完善的检修维护制度，定期开展锁止装置的检查、测试和保养工作，重点关注锁止销、锁止块、弹簧等关键零部件的状态。同时，要加强锁止装置故障的在线监测，充分利用车载诊断系统、轨边监测装置等技术手段，实时采集锁止装置的振动、温度、位移等关键参数，构建故障预警模型，实现故障的早期发现和预报。一旦发现异常，要及时对车辆实施检修，更换或维护故障部件，确保其锁止装置正常工作。

在锁止装置的设计和制造环节，要不断优化结构形式，合理选用高强度、耐磨性好的材料，改进制造和装配工艺，从源头上提高锁止装置的可靠性。要加强有限元仿真分析，模拟锁止装置在典型工况下的受力状态，优化关键尺寸参数，提高抗疲劳、抗磨损性能。同时，开展锁止装置台架试验和线路试验，全面考核其静态和动态特性，验证设计的可靠性，为后续工程应用奠定基础。

第二节 轨道车辆供电系统故障

一、轨道车辆供电系统故障的分类与成因

(一)供电系统故障的分类

轨道车辆的供电系统故障不仅会导致车辆动力性能下降，影响运行效率，更可能引发严重的安全事故。因此，深入分析轨道车辆供电系统故障的类型、特点和成因，对于预防和诊断故障、提高系统可靠性具有重要意义。

轨道车辆供电系统的故障类型多样，涉及供电网络、牵引变流器、辅助电源等多个子系统。其中，接触网和受电弓的故障发生率较高，如接触网断线、受电弓过度磨损等，会直接导致车辆失去动力，甚至引发电弧放电等危险。牵引变流器作为车辆牵引系统的核心部件，其故障通常表现为元器件损坏、控制电路异常等，严重时会造成牵引电机停转，使车辆失去牵引力。辅助电源为车辆照明、空调、信号等设备提供电能，其故障会影响车内环境和乘坐舒适度。此外，蓄电池、接地保护等装置的故障也会威胁行车安全。

(二)供电系统故障原因分析

从电气设备角度看，供电系统故障的原因主要包括以下几个方面：一是牵引变压器故障。牵引变压器是供电系统中的核心设备，其作用是将高压交流电转换为适合牵引电机工作的低压交流电。如果牵引变压器绝缘损坏、匝间短路或过热，就会导致供电系统无法正常工作。二是受电弓故障。受电弓是车辆从接触网获取电能的关键部件，其性能直接影响供电质量。受电弓弹簧失效、滑板磨损或碳刷不良等故障，都会造成电流传输中断或电弧放电，从而破坏供电系统的稳定性。三是供电线路故障。供电线路是连接各电气设备的纽带，其故障会阻碍电能的正常传递。导线老化、接头松动以及外力破坏等，都可能引发供电线路故障。四是辅助电源故障。辅助电源为列车照明、空调、通信等辅助设备提供电能，虽然其功率相对较小，但对列车的正常运营同样至关重要。蓄电池老化、充电机故障是导致辅助电源故障的主要原因。

从外部环境角度看，恶劣的运行工况也是引发供电系统故障的重要诱因。

一方面，夏季高温天气会加速电气设备的老化，提高故障发生的概率。例如，高温会加速牵引变压器绝缘材料的劣化，导致绝缘电阻下降，甚至引发匝间短路。同时，高温还会使受电弓碳刷和滑板的磨损速度加快，影响受电弓的导电性能。另一方面，冬季低温和潮湿环境也会对供电系统造成不利影响。例如，低温会导致电缆护套开裂，湿气则会侵入电缆内部，降低电缆绝缘性能，最终引发短路故障。冰雪天气还会在受电弓和接触网之间形成冰层，阻碍电流的正常传输，甚至引发电弧放电，损坏供电设备。

此外，列车振动也是加速供电系统故障的重要因素。在列车运行过程中，由于轨道不平顺等因素，车体会产生剧烈振动。这种振动会使电线接头松动，导致接触不良，引起电气故障。同时，振动还会加快牵引变压器等大型电气设备的机械磨损，影响其绝缘性能和散热效果，最终导致故障的发生。长期的振动累积效应不容忽视，即使单次振动不足以直接导致故障，但经年累月的作用会大大降低供电系统的可靠性。

轨道车辆供电系统故障溯源需要从多个角度入手，综合考虑电气设备本身、外部环境以及列车运行工况等因素。只有深入分析这些因素之间的相互作用机理，采取针对性的预防和维护措施，才能从根本上提高供电系统的可靠性，确保轨道车辆的安全平稳运行。这不仅需要运营单位加强日常维护和故障排查，更需要设计和制造单位在设备选型、工艺改进等方面下功夫，从根本上提高供电系统的安全性。同时，应积极引入状态监测、故障诊断等先进技术手段，实现供电系统故障的早发现、早预警、早处置，最大限度地减少故障对运营安全的影响。可以预见，随着轨道交通事业的蓬勃发展，供电系统故障分析和防控技术也必将不断创新和完善，为打造安全、便捷、高效的现代化轨道交通体系贡献力量。

二、轨道车辆供电系统故障的特征

（一）间歇性

轨道车辆供电系统故障的间歇性首先体现为随机性和不确定性。与连续性故障不同，间歇性故障往往表现为时有时无，给故障的诊断和定位带来了极大困难。深入分析间歇性故障特征，对于提高轨道车辆供电系统可靠性、降低运营风险具有重要意义。

轨道车辆供电系统故障的间歇性还呈现出明显的间断性特点。故障现象通常在特定时段内反复出现，但在其他时段又消失不见，表现出一定的周期性规律。然而，这种周期性并非完全固定，而是受到诸多随机因素的影响，如环境温度、湿度、振动等。这使得间歇性故障的发生时间难以精确预测，增加了故障诊断的不确定性。

轨道车辆供电系统故障的间歇性还具有明显的局部性特征。与连续性故障不同，间歇性故障通常只发生在供电系统的某个特定部位或元件上，而不会扩散至整个系统。这种局部性特征一方面降低了故障对系统整体功能的影响，另一方面也为故障定位提供了重要线索。通过深入分析故障发生的具体位置，结合元件的工作特性和环境因素，可以大大缩小故障排查范围，提高诊断效率。

此外，轨道车辆供电系统故障的间歇性还具有一定的隐蔽性特点。由于故障现象的间断性和随机性，间歇性故障在日常维护和检修过程中很容易被忽视。传统的定期检修模式往往难以发现这类故障，因为故障现象可能恰好发生在两次检修之间的时间段内。即便在检修过程中发现了异常，也难以判断是偶发性问题还是间歇性故障引起的。这就要求检修人员具备丰富的经验和敏锐的判断力，能够从海量的历史数据中捕捉到故障的蛛丝马迹。

轨道车辆供电系统故障的间歇性给故障诊断和定位带来了极大困难。深入分析间歇性故障特征，着眼于故障发生的时间、空间以及成因机理等关键要素，建立完善的故障诊断与预测模型，是提高轨道车辆供电系统可靠性的必由之路。只有不断创新故障诊断技术，优化维修策略，才能有效应对间歇性故障带来的挑战，为轨道交通的安全、高效运行提供坚实保障。

（二）退化性

轨道车辆供电系统故障的退化性特征主要体现在元器件性能随着运行时间的增加而逐步恶化，最终导致系统功能的丧失或严重下降。这种渐进式的退化过程往往难以被及时发现和预警，给轨道车辆的安全运行埋下隐患。

元器件的老化是导致供电系统性能退化的根本原因。在长期的运行过程中，电气元器件不可避免地经历着物理性能和化学特性的变化，如绝缘材料的破坏、接触面的氧化、润滑脂的劣化等。这些变化累积到一定程度，就会引发元器件性能显著下降，进而影响整个供电系统的运行状态。因此，研究不同类型元器件的老化机理，建立合理的寿命预估模型，对于揭示供电系统故障的退化性特征具有重要意义。

供电系统故障的退化过程通常表现出一定的阶段性特点。在退化的初期阶段，元器件性能下降缓慢，对系统功能的影响较小；而在退化的中后期，元器件性能急剧恶化，系统功能迅速下降，直至完全丧失。因此，准确建模供电系统故障的退化过程，刻画不同阶段的退化特征，是实现故障预警和维修决策的关键。马尔可夫退化模型是常用的退化过程建模方法，通过引入状态转移概率或形状函数，能够有效描述供电系统故障的动态演化规律。

（三）突发性

轨道车辆供电系统故障突然发生、难以预测的特点给轨道交通运营带来了巨大挑战。轨道车辆供电系统故障往往没有明显的征兆，很难通过常规的状态监测手段提前发现。一旦发生，便可能导致车辆关键部件损坏，甚至引发严重的运营事故，给乘客安全和运营效率带来重大隐患。

造成轨道车辆供电系统故障的原因错综复杂，既有设计缺陷、制造工艺不良等内在因素，也有环境干扰、人为操作失误等外部诱因。例如，牵引变流器中 IGBT 器件的击穿，往往源于设计裕量不足或散热不良；而受电弓的断线脱落，则可能是由线路环境恶劣或列车运行颠簸所致。这些因素相互交织，使得突发性故障的成因分析和预防异常困难。

尽管轨道车辆供电系统故障难以预测，但通过对供电系统进行全面的风险评估和故障模式分析，仍然可以采取针对性措施来降低其发生概率。首先，在系统设计阶段，要充分考虑各种恶劣工况，提高关键部件的可靠性和冗余度。例如，对于易发生击穿的 IGBT 模块，可以采用功率裕量更大的器件，并优化散热设计；对于容易断线的受电弓，可以选用高强度的新型材料，并改进悬挂结构。其次，要建立完善的状态监测和故障诊断体系，利用先进的传感技术和数据分析算法，尽可能捕捉故障的早期征兆。一旦发现异常，要及时采取维护措施，避免故障进一步恶化。再者，要加强运营过程管理，建立严格的作业规程和应急预案，最大限度地降低人为因素引发故障的风险。

一旦轨道车辆供电系统故障不可避免地发生，则必须采取快速、有效的应对措施，把故障影响和损失降到最低。这就要求轨道车辆具备完善的故障安全保护功能，如故障断路、应急制动等，确保在故障情况下列车仍能安全停车。同时，要建立高效的故障处置流程，做到故障报告、故障定位、应急决策、抢修实施快速响应，最大限度地缩短列车延误时间。此外，配备充足的备用器件和检修设备，完善运营线路抢修条件，也是提高应急处置效率的重要保障。

轨道车辆供电系统突发性故障虽然难以彻底避免，但通过全面风险评估、可靠性设计、状态监测、应急处置等一系列举措，仍然可以将其影响控制在可接受范围内。这就要求相关单位高度重视，加大投入，在抓好常态化管理的同时，着力提升应对突发事件的能力。只有这样，才能为轨道交通安全、可靠、高效运营提供坚实保障。

三、供电系统故障对轨道车辆运行的影响分析

（一）车辆动力性能下降

当供电系统发生故障时，首先会导致车辆牵引力的下降。在正常运行状态下，车辆通过牵引电机将电能转化为机械能，从而产生牵引力，推动列车前进。而当牵引电机或其控制电路出现故障时，电机将无法正常工作，牵引力随之减小，车辆的加速性能和爬坡能力都会受到影响。在严重的情况下，牵引力的丧失甚至会导致列车无法启动或在运行中失速。

除了牵引力下降外，供电系统故障还会引起车辆制动性能降低。现代轨道车辆普遍采用电制动作为常用制动方式，即利用牵引电机的发电制动原理，将列车运动的动能转化为电能，实现列车的减速或停车。一旦牵引电机或制动电阻等部件发生故障，电制动功能就会受到影响，制动距离延长，在紧急情况下可能难以及时停车，存在一定的安全隐患。即使备用的空气制动系统可以作为补充，其响应速度和制动效果也往往不如电制动，车辆的整体制动性能仍将降低。

轨道车辆供电系统中的辅助设备，如空调、照明、门控等，虽然不直接参与车辆的牵引和制动，但其故障也会在一定程度上影响车辆性能。以空调系统为例，当其出现故障无法正常工作时，车内温度会急剧升高，不仅影响乘客的舒适度，还可能导致车载电气设备的工作环境恶化，引发更多故障。照明系统的失效则会给乘客的乘车体验和安全疏散带来不便。门控系统如果发生故障，可能延误列车正点运行。这些辅助设备虽看似与动力性能无关，但其运行稳定性关系到列车能否以最佳状态完成既定运输任务。

此外，供电系统故障还可能诱发其他系统的问题，间接导致车辆动力性能下降。例如，牵引变流器是车辆牵引传动系统的核心部件，其故障不仅会直接影响牵引电机的工作，还可能引起制动变流器、网络控制系统等的异常，从而

衍生出一系列问题。再如，受电弓作为列车从接触网获取电能的关键设备，其故障可能导致列车主电路中断，使各部件因失去电力供应而无法正常工作。这种故障的传导和放大效应，使得供电系统局部问题演变为全局性能退化，车辆的动力性能进一步恶化。

（二）引发车辆安全隐患

轨道车辆供电系统故障可能引发严重的运行安全隐患，危及乘客生命和财产安全。供电系统是轨道车辆的"神经中枢"，承载着车辆的供电、控制、通信等关键功能。一旦供电系统发生故障，轨道车辆的动力性能会显著下降，制动、通风等辅助系统也难以正常工作，极易酿成列车追尾、脱轨等重大事故。因此，深入分析供电系统故障的安全风险，对于保障轨道交通运营安全至关重要。

当受电弓与接触网之间发生电弧放电、绝缘击穿等故障时，列车牵引电机无法获得持续稳定的电能供应，车辆会出现加速迟缓、牵引力不足等动力性能下降的问题。在高速行驶或爬坡工况下，这种动力缺失非常危险，列车极易发生溜逸、追尾等事故。此外，严重的供电系统故障还可能引起车内停电，导致照明、通风、广播等设备无法使用，给乘客出行带来极大不便，并可能引发恐慌和混乱。

辅助系统虽然不直接参与列车的牵引和制动，但其故障同样会严重影响车辆的运行安全。以制动系统为例，当空气压缩机、制动控制阀等关键部件发生故障时，列车的制动力会明显下降，制动距离大大延长，极易发生追尾或冲撞站台事故。再如，列车空调系统的故障会导致车内温度过高，增加乘客中暑晕厥的风险。门控系统故障则可能造成车门无法正常开关，引发旅客跌落或被车门夹伤等意外。这些辅助系统看似"不起眼"，但一旦失灵，其后果同样不容小觑。

（三）影响车辆运行效率

首先，供电系统故障会直接导致车辆动力性能下降，速度降低、加速度减小、爬坡能力减弱，严重影响列车的正点率和运输效率。以牵引系统故障为例，牵引电机是列车的"心脏"，一旦发生故障，列车将无法正常启动或运行，甚至可能造成列车停驶。即便是部分牵引电机出现故障，列车的牵引力也会大幅下降，难以满足正常运营要求。

其次，供电系统故障还会引发列车安全隐患，间接影响运行效率。例如，列车供电系统故障可能导致照明、空调、门控等系统无法正常工作，威胁乘客的乘车安全和舒适度。列车控制系统故障则可能引发速度超限、信号系统失效等问题，甚至酿成列车追尾、脱轨等重大事故。这些安全隐患一旦出现，势必会中断列车运行，造成列车晚点或停运，严重影响运输效率。

再者，供电系统故障的排查和维修也会占用大量时间和资源，降低轨道车辆的运行效率。相比机械故障，电气故障通常更加复杂多样，故障原因和部位难以确定，排查起来颇具挑战性。检修人员需要对车辆进行全面检查，逐一排查电路、元器件、线束等部件，寻找故障点并予以修复。这一过程不仅耗时耗力，而且可能需要停用列车，调配备用车辆，重新制定运行计划，进一步影响运输效率。

此外，供电系统故障如果得不到及时有效的处理，还可能引发连锁反应，对轨道交通系统的整体运行效率产生负面影响。如果某列车在运行过程中突发供电系统故障，不得不在半路停驶或折返，不仅会影响该列车的正常运营，还可能妨碍后续列车的正点运行，引发系统性延误。若故障车辆长时间占用轨道或站台，更会削弱线路的通过能力，加剧系统拥堵，形成恶性循环。

第三节　轨道车辆控制系统故障

一、轨道车辆控制系统故障的常见类型

（一）牵引控制系统故障

轨道车辆牵引控制系统故障通常表现为牵引力不足、牵引力中断、牵引力波动等多种形式，其成因错综复杂，涉及硬件、软件、电气、机械等多个方面。

从硬件角度来看，牵引控制系统的故障主要来源于功率电子器件的失效。IGBT、MOSFET 等功率器件是牵引变流器的关键组成部分，其性能的优劣直接决定了牵引系统的可靠性。然而，功率器件在长期工作过程中不可避免地会出现参数漂移、击穿、短路等失效模式，导致牵引变流器输出异常，进而引发牵引系统故障。除功率器件外，牵引变压器、平滑电抗器等无源器件的性能退化也可能引起牵引系统故障。例如，变压器绕组匝间短路、铁芯饱和等故障会

导致牵引变流器直流母线电压畸变，破坏牵引逆变器的正常工作。

从软件角度来看，牵引控制系统的故障还与控制算法的缺陷密切相关。现代牵引控制系统普遍采用复杂的矢量控制、直接转矩控制等算法，实现了牵引电机的精确调速和恒转矩控制。然而，控制算法的参数整定不当、故障诊断逻辑错误等问题都可能引发系统失稳，表现为牵引力突变、车辆爬行、失控等故障现象。以矢量控制算法为例，其涉及电流环、速度环等多个控制回路，参数的合理配置至关重要。如果电流环 PI 参数设置不当，系统很容易出现超调、振荡等不稳定状态，严重时甚至会引起牵引电机过流烧毁。因此，控制软件的优化与故障诊断策略的完善是提高牵引系统可靠性的关键。

从供电质量的角度来看，接触网电压的波动和谐波畸变也是诱发牵引控制系统故障的重要因素。理想情况下，牵引变流器输入的应该是稳定的工频正弦电压，但在实际运行中，由于接触网阻抗变化、电气化机车负载冲击等，往往会出现电压暂降、谐波污染等电能质量问题。电压畸变会导致牵引整流器输出直流电压脉动加剧，电容器加速老化，直流母线电压不稳，进而影响逆变器的正常工作。当电压暂降幅度较大时，甚至会引起逆变器欠压保护动作，导致牵引中断。

从机械传动系统的角度来看，齿轮箱、轮轴等部件的机械故障也可能引起牵引控制系统异常。例如，齿轮箱油温过高、润滑不良会加剧齿轮磨损，引起齿轮啮合冲击和扭振，传递到牵引电机轴上，表现为转速波动和牵引力脉动。类似地，轮轴锁死、踏面不圆等故障也会引起车轮打滑空转，这一状况会反馈到速度控制环节，进而干扰牵引控制系统。这类机械故障通常具有发展缓慢、难以察觉的特点，一旦发展到严重程度，就可能引发牵引系统失效。

轨道车辆牵引控制系统的故障类型呈现出多样性和复杂性，涉及电力电子器件失效、控制算法缺陷、供电电压畸变、机械传动异常等多方面因素。深入分析各类故障的成因和演化规律，建立完善的故障诊断与容错控制策略，是保障牵引系统安全、可靠运行的重要基础。这不仅需要从单一学科视角深入理解故障机理，更需要从系统工程的高度统筹兼顾，协同设计软硬件、电气和机械部件，最终实现牵引系统的综合优化与高可靠性。这既是轨道交通装备技术发展的必然要求，也是我国由轨道交通大国迈向轨道交通强国的重要途径。

（二）制动控制系统故障

由于制动系统结构复杂、工作环境恶劣，故障时有发生。这不仅严重影响列车的正常运营，还可能引发重大事故，造成巨大的经济损失和社会影响。因此，深入分析制动控制系统的故障类型及其成因，对于提高系统可靠性、优化列车运行控制策略具有重要意义。

从故障发生的部位来看，制动控制系统故障可分为机械故障、电气故障和软件故障三大类。机械故障主要包括制动盘磨损、制动片剥落、制动缸漏油等，这些故障多由零部件老化、材料缺陷或外力作用引起。电气故障则涵盖了制动电机短路、制动电阻烧毁、传感器失效等，其成因包括绝缘老化、接触不良、电磁干扰等。软件故障则与控制算法缺陷、参数设置不当、系统死锁等因素相关。尽管这三类故障的具体表现形式各不相同，但都会导致制动力不足、制动距离延长等问题，严重威胁列车运行安全。

针对不同类型的制动系统，其故障模式也存在明显差异。以电阻制动为例，其常见故障包括制动力矩异常、电阻值偏离、散热不良等。这些故障一方面会导致电阻制动无法正常使用，另一方面也可能引发电阻元件过热、烧毁等次生故障。与之相比，电液制动系统的故障则更为多样，如液压泵失效、比例阀卡滞、压力传感器漂移等。这些故障不仅影响电液制动的动作响应，还可能诱发制动盘热斑、制动分配失衡等问题，加剧列车的不稳定性。至于纯空气制动，其主要故障类型包括空压机故障、管路泄漏、空簧漏气等，这些故障会造成列车制动距离延长、紧急制动失效等严重后果。

制动控制系统故障的成因错综复杂，既有设计缺陷、制造工艺等内因，也有环境应力、人为失误等外因。一方面，从设计角度看，不合理的方案选型、错误的参数整定都可能埋下故障隐患。如果再加上原材料缺陷、装配质量不过关，更会大大增加故障发生的概率。另一方面，恶劣的运行工况也是导致故障的重要诱因。剧烈的温度变化会加速元件老化，频繁的冲击振动则可能引发接触不良，严重的粉尘污染还会阻塞管路、腐蚀线路。此外，乘务人员的不当操作，如紧急制动的滥用、超程使用等，也会加剧制动系统的磨损，缩短其使用寿命。

制动控制系统故障不仅直接影响列车的制动性能，还会引发一系列连锁反应，危及行车安全。例如，制动力不足可能导致列车超速运行，增大脱轨、追尾的风险；而制动不同步则可能诱发"车钩力"骤增，引起车辆剧烈纵向振动，加剧乘坐不适。在极端情况下，严重的制动系统故障还可能酿成重大事故，造成人员伤亡和设备毁坏。因此，运营单位必须高度重视制动系统的维护和管理，通过定期检测、故障诊断、状态修复等手段，及时发现和消除安全隐患，确保列车始终处于最佳工况。

（三）辅助控制系统故障

轨道车辆辅助控制系统涵盖了空调系统、照明系统、广播系统等多个子系统，这些系统虽然不直接参与列车的牵引和制动控制，但在改善车内环境、提升乘客体验等方面发挥着关键作用。

1. 空调系统故障

列车空调系统需要在复杂多变的外部环境下稳定运行，受温度、湿度等因素影响较大。一旦空调系统出现故障，车内温度可能急剧升高或降低，影响乘客的舒适度和健康。空调系统故障的原因包括压缩机损坏、制冷剂泄漏、温度传感器失灵等，一旦发生此类问题，需要及时排查和维修。

2. 照明系统故障

列车照明系统不仅要满足基本的视觉需求，还应根据不同时段和场景提供适宜的光环境。然而，由于振动、电压波动等因素，列车照明系统容易出现灯管闪烁、亮度不均等问题。这不仅影响乘客的视觉体验，还可能引发视觉疲劳、头晕等不适症状。因此，加强对照明系统的检修和维护至关重要。

3. 广播系统故障

列车广播系统承担着车内信息发布、紧急疏散等重要职能，一旦出现故障，就可能影响乘客的出行体验和安全。广播系统故障可能表现为音量过大或过小、音质失真、信号中断等，其成因包括扬声器损坏、线路老化、系统兼容性问题等。及时发现和解决广播系统故障，对于提升轨道车辆服务质量至关重要。

二、轨道车辆控制系统故障的成因分析

（一）软件设计缺陷

在轨道车辆控制系统的研发过程中，软件设计环节至关重要，其质量直接影响着系统的可靠性和安全性。然而，由于轨道车辆控制软件的复杂性和特殊性，设计缺陷时有发生，成为引发系统故障的"隐形杀手"。

从需求分析阶段来看，软件设计缺陷往往源于需求理解的偏差或遗漏。轨道车辆控制系统需要满足车辆运行的多样化场景和功能需求，如牵引控制、制动控制、辅助控制等。如果设计人员对这些需求理解不到位，没有全面考虑各种工况条件，就可能导致软件设计与实际需求不匹配，埋下故障隐患。例如，在某型号轨道车辆的控制软件设计中，由于忽略了极端环境温度对传感器性能的影响，导致在低温条件下制动控制失效，酿成了严重事故。

从概要设计阶段来看，模块划分和接口定义的缺陷也是诱发故障的重要原因。轨道车辆控制软件通常由多个功能模块组成，如数据采集模块、逻辑控制模块、故障诊断模块等。这些模块之间存在复杂的交互和调用关系，如果接口定义不明确、不规范，就可能导致模块间数据传递错误，引发系统故障。同时，不合理的模块划分也会影响软件的内聚性和可维护性，增加故障发生的概率。

从详细设计阶段来看，算法选择和实现的缺陷是导致控制系统故障的另一个重要因素。轨道车辆控制软件中广泛应用了各种控制算法，如 PID 控制、自适应控制、故障诊断算法等。这些算法的正确性和稳定性直接决定了控制系统的性能。如果算法选择不当，或者其实现存在缺陷，就可能导致控制误差累积、系统振荡等故障现象。以轨道车辆的牵引控制为例，如果牵引控制算法设计不合理，没有充分考虑轮轨黏着特性，就可能引起车轮打滑或空转，影响车辆的牵引性能。

从编码实现阶段来看，程序错误和缺陷是导致控制系统故障的直接原因。轨道车辆控制软件通常采用 C/C＋＋、Java 等高级语言进行开发，代码量大、逻辑复杂，容易引入各种编码错误，如变量定义错误、数组越界、指针异常等。这些错误在特定条件下被触发，就会导致程序崩溃或异常行为，引发控制系统故障。例如，在某型号轨道车辆的辅助控制软件中，由于变量溢出错误，导致空调系统异常关闭，影响了乘客的舒适性和满意度。

除了以上设计层面的缺陷外，轨道车辆控制软件在测试和验证环节的不足，也是导致故障的重要原因。由于实际运行环境的复杂多变，现有的软件测试手段往往难以穷举所有可能的工况组合，一些隐藏较深的设计缺陷很容易被遗漏，成为埋在系统中的"定时炸弹"。同时，由于缺乏有效的故障模式分析和根源定位手段，一些软件缺陷引发的故障难以被及时发现和排除，影响了系统的可用性和安全性。

（二）硬件元器件失效

由于轨道交通装备的复杂性、精密性和恶劣工况，硬件元器件失效引发的故障时有发生。这不仅严重影响列车的正常运行，更可能引发重大事故，造成巨大的经济损失和社会影响。因此，深入分析硬件元器件失效的机理、模式及其诱因，对于提高轨道车辆控制系统的可靠性和安全性具有重要意义。

从失效机理来看，轨道车辆控制系统硬件的失效通常源于材料、工艺和设计等因素。以电子元器件为例，在反复的冷热冲击、振动冲击等应力作用下，焊点容易产生微裂纹，导致虚焊、断路等失效。同时，湿热环境还可能加速元器件的绝缘老化和金属腐蚀，引发短路故障。PCB 板作为电路系统的载体，其制造工艺缺陷，如过孔电镀不良、沉铜不均匀等，也是导致电路故障的重要原因。此外，电路设计中的不合理布局布线、过高的功率密度等，都可能引起严重的电磁兼容问题，诱发硬件失效。

从失效模式来看，轨道车辆控制系统硬件的失效主要表现为短路、断路、误码和参数漂移等。其中，短路失效多由绝缘下降、异物短路等引起，会导致电路系统的过载和损毁。断路失效则常见于接插件接触不良、虚焊开路等情况，造成信号的中断和功能的丧失。数字电路中，由于干扰、时序竞争等因素，容易产生位反转、毛刺等误码失效，扰乱控制系统的正常逻辑。模拟电路的失效则多表现为基准漂移、增益变化等参数异常，引起控制性能的下降。这些失效模式往往相互交织，给故障诊断和排除带来诸多挑战。

从失效诱因来看，轨道车辆控制系统硬件的失效与内外部应力密切相关。内部应力主要包括电应力、热应力和机械应力。过高的电压、电流会加速绝缘材料的老化，引发介质击穿；温度的骤变会导致材料的热膨胀失配，产生裂纹和断裂；振动、冲击等机械应力则可能引起结构共振、疲劳断裂，破坏器件的机械强度。外部应力来自复杂多变的使用环境，如电磁干扰、灰尘污染、湿热腐蚀等。电磁干扰会诱发硬件电路的干扰失效，而灰尘、氧化等则可能阻塞散热通道，加剧器件的失效风险。综合防护不力，是硬件失效的重要诱因。

深入剖析硬件失效机理、模式及诱因，是开展轨道车辆控制系统故障诊断与容错控制的前提。只有在全面认识硬件失效规律的基础上，才能针对性地制定测试、筛选和防护策略，从源头上控制硬件失效风险。同时，通过合理设置硬件冗余、容错结构，构建自诊断、故障隔离和重构机制，可以最大限度地降低硬件失效对系统安全的影响。这就要求工程技术人员具备扎实的电子电路理论功底、丰富的产品设计经验和缜密的系统思维，综合运用材料、工艺、电磁兼容等多学科知识，从元器件、电路板到整机系统，全方位提升轨道车辆控制系统的可靠性水平。

（三）外界干扰

轨道车辆运行环境复杂多变，存在着诸多潜在的干扰源，如电磁干扰、气候环境干扰、机械振动冲击等。这些干扰因素不仅会直接影响控制系统硬件的正常工作，还可能导致软件运行异常，引发系统性能下降甚至功能失效。

1. 电磁干扰

现代轨道车辆广泛采用电力牵引，其牵引电机、变流器等大功率电气设备在运行过程中会产生强烈的电磁辐射。同时，车辆还可能受到来自牵引供电网、信号系统、通信设备的电磁干扰。这些复杂的电磁环境会对控制系统的传感器、执行器、通信链路等产生不利影响，导致系统误动作或失控。为了提高抗干扰能力，控制系统必须采取可靠的电磁兼容性设计，如合理布置线缆、增加屏蔽层、使用抗干扰元器件等。

2. 气候环境干扰

轨道车辆长期在露天环境下运行，需要适应温度、湿度、压力的剧烈变化。夏季高温会加速电子元件的老化，冬季低温则可能导致机械部件的收缩变形。潮湿环境易引起线路板腐蚀、接插件接触不良等问题。特殊气象条件，如雷电、冰雹、沙尘暴等，更是对控制系统的严峻考验。因此，轨道车辆控制系统的设计必须充分考虑各种极端气候环境，采取必要的防护措施，如密封、隔热、除湿等，以保障系统在恶劣条件下可靠运行。

3. 机械振动冲击

在车辆运行过程中，来自轮轨交互、转向架运动、车体弹振等的机械振动不可避免地传递到控制系统。频繁的振动冲击会造成电子元件的疲劳损伤，甚至引起焊点开裂、连接件松动等机械故障。针对这一问题，控制系统必须进行专门的减震设计，采用高可靠性的固定装配工艺，选用抗振动冲击的高强度材料，以提高系统的机械环境适应性。同时，应开展严格的振动试验，模拟实际运行工况，验证控制系统的抗干扰性能。

三、控制系统故障对车辆性能的影响

（一）控制系统故障对车辆牵引力的影响

控制系统故障能够直接影响车辆的牵引性能，降低车辆的动力输出和运行效率。当牵引控制系统发生故障时，车辆的牵引电机无法按照预设的控制策略工作，导致牵引力不足或牵引力中断。例如，当牵引变流器出现 IGBT 模块损坏、驱动电路失效等故障时，牵引电机的励磁电流和转矩输出将受到影响，无法满足车辆的牵引力需求。此时，车辆的启动加速性能将明显下降，甚至出现动力中断、车辆无法启动等严重后果。

牵引控制系统故障还可能引发牵引电机过流、过压等二次故障，对车辆的牵引系统造成进一步损害。当牵引变流器的保护功能失效时，过大的电流和电压应力会加速牵引电机绝缘老化，缩短其使用寿命。同时，牵引电机过热也会影响其他车载设备的工作环境，提高车辆的故障率。因此，牵引控制系统故障不仅直接影响车辆的牵引性能，还可能诱发一系列连锁反应，降低车辆的整体可靠性。

轨道车辆的牵引性能与运行安全密切相关。当车辆牵引力不足时，其加速能力和爬坡能力将受到限制，难以满足线路运营要求。特别是在突发情况（如紧急避让、重联救援等）下，牵引力不足可能威胁行车安全。例如，当前方出现障碍物需要紧急制动时，牵引力不足将影响车辆的制动距离，增大安全风险。因此，控制系统故障导致的牵引力问题，不仅会影响车辆性能，更关乎乘客的生命安全。

除此之外，控制系统故障还会降低车辆的能源利用效率。现代轨道车辆普遍采用电力牵引，其能耗水平与牵引系统的工况密切相关。当牵引控制系统出现故障时，牵引电机无法在最佳效率区工作，系统的能量转换效率将明显下降。这不仅增加了车辆的运营成本，也与节能环保的发展理念背道而驰。因此，从能源经济性角度来看，控制系统故障也会对轨道交通的可持续发展产生不利影响。

（二）控制系统故障对车辆制动性能的影响

控制系统故障会对轨道车辆的制动性能产生严重影响，进而威胁车辆运行安全。制动系统作为列车的关键安全保障装置，其控制部分的可靠性直接关系到列车能否准确、及时地响应制动指令，实现车辆的安全停靠。一旦制动控制系统发生故障，轻则导致制动距离延长、停车精度下降，重则可能引发列车追尾或脱轨等重大事故。

具体而言，制动控制系统故障对车辆制动性能的影响主要体现在以下几个方面：首先，故障会导致制动力不足或制动时滞增加。当牵引变流器、网络控制单元等部件出现故障时，会影响牵引电机的正常工作，使其无法及时切换至发电制动状态，从而削弱列车的制动能力。其次，故障还可能引起制动力分布不均或单轮空转。例如，轮缘润滑装置失效会导致某些车轮与钢轨间的附着系数异常升高，造成局部轮对抱死，既影响制动效果，又容易引发车轮踏面剥落等问题。再次，一些关键部件的失效甚至会直接导致列车丧失制动能力，如基础制动装置中信号阀或制动缸的故障可能使列车在必要时无法实现有效制动，后果不堪设想。

除了直接影响制动性能外，控制系统故障还会降低列车的运行品质和乘坐舒适性。现代轨道车辆普遍采用了更加智能化的网络控制架构，牵引与制动、信号与通信等子系统高度集成，共享大量传感器信息。一旦某个节点出现异常，极易引起系统的连锁反应，导致列车颠簸、噪声增大等问题，对乘客体验产生负面影响。此外，控制系统故障诊断与排查的难度较大，往往需要列车长时间停运，既影响正常运营秩序，又降低车辆的使用效率和经济效益。

因此，轨道车辆制造和运维单位必须高度重视制动控制系统的可靠性设计和故障预防。在设计阶段，应充分考虑轨道车辆的实际工况，选用高可靠、抗干扰的核心部件，并进行严格的测试验证。同时，需建立完善的故障诊断与容错机制，尽可能避免单点失效导致的严重后果。在运营阶段，要做好日常维护与定期检修工作，及时发现和消除系统的潜在隐患，提高设备完好率。一旦发生故障，要第一时间启动应急预案，最大限度地降低对行车安全和服务质量的影响。

（三）控制系统故障对车辆运行安全性的影响

从车辆牵引和制动性能来看，控制系统故障可能导致牵引和制动力的异常波动，甚至完全丧失。当牵引系统出现故障时，列车可能出现加速迟缓、速度不稳等问题，严重时还可能出现"失控滑行"等危险工况。而制动系统故障更是直接威胁列车安全，轻则造成制动距离延长，重则可能酿成列车追尾或冲出站台等恶性事故。由此可见，控制系统故障对列车的牵引制动性能影响巨大，严重威胁行车安全。

从列车运行稳定性角度分析，控制系统故障还可能引发列车振动加剧、脱轨倾覆等问题。现代轨道车辆普遍采用了差异齿轮传动等复杂的控制技术，而这些技术的正常工作都依赖于控制系统的精确调节。一旦出现故障，列车的悬挂系统、传动系统将失去有效控制，导致车辆振动剧烈、运动姿态失稳，甚至引发脱轨或侧翻等事故。可见，控制系统故障已经成为影响列车运行平稳性和安全性的关键因素。

从运营组织和乘客体验的视角来看，控制系统故障还会扰乱正常的运营秩序，给乘客出行带来诸多不便。例如，牵引系统故障可能导致列车无法正常运行，延误整个线路的运营计划；列车空调、照明等舒适系统受控制系统故障影响时，也会显著降低乘客的乘坐体验。如果故障发生在客流高峰期，还可能引发站台/列车超员、秩序混乱等次生问题，给运营组织和应急管理带来巨大挑战。

鉴于控制系统故障对车辆安全性、运营秩序的深远影响，轨道交通运营单位和设备制造商需高度重视故障预防和应急处置工作。首先，应在设计阶段充分考虑控制系统的冗余性和容错能力，提高系统对故障的耐受性。同时，需建立完善的控制系统状态监测和故障诊断体系，做到故障的早发现、早预警、早处置。在日常运维中，相关单位应强化对控制系统的检修和维护，切实提高设备可靠性。此外，科学制定应急预案，定期开展应急演练，也是做好控制系统故障处置的关键举措。

第二章 轨道车辆故障诊断理论

第一节 轨道车辆故障诊断的基本概念

一、轨道车辆故障诊断的定义

(一) 轨道车辆故障诊断的内涵

轨道车辆故障诊断是指对设备或系统的异常状态进行识别、定位和分析的过程。其核心目标是及时发现潜在故障，准确判断故障原因，并提出有效的处理措施，以确保设备或系统的正常运行。对于轨道车辆而言，故障诊断是维护车辆安全、可靠运行的关键环节。轨道车辆由众多复杂的机械、电气、电子等部件组成，其故障模式多样，故障机理复杂。因此，轨道车辆故障诊断需要综合运用各种理论知识和技术手段，深入分析车辆的结构原理、工作状态和故障特征，以准确判断故障部位和故障原因。

故障诊断的内涵包括三个核心要素：故障检测、故障定位和故障分析。故障检测是指通过各种监测手段，及时发现车辆运行状态的异常变化，捕捉潜在的故障信息。这需要在车辆的关键部位安装传感器，实时采集各项参数数据，并设置合理的阈值，以便及时触发故障警报。故障定位则是在故障被检测到后，进一步判断故障发生的具体位置。这需要综合分析故障症状与车辆结构的对应关系，运用专家经验、历史数据等知识，推理出最可能的故障部件或故障区域。故障分析是在明确故障位置的基础上，深入探究故障发生的原因和机理。这需要考虑车辆的工作原理、材料特性、环境因素等多方面因素，揭示故障的诱因和发展过程，为制定维修方案提供依据。

故障诊断贯穿于轨道车辆全寿命周期管理的各个阶段。在车辆设计阶段，需要分析车辆系统的潜在故障模式，优化设计方案，提高车辆的本质安全性和可诊断性。在制造阶段，要严格控制产品质量，防范制造缺陷引发的故障隐患。在运营阶段，故障诊断是车辆日常维护、定期检修的重要内容。通过在线监测、定期检测等手段，及时发现故障征兆，预判故障趋势，进而采取预防性维修措施，减小故障发生概率。在故障处理阶段，需要准确诊断故障原因，制定科学的维修方案，最大限度地减少故障对车辆运行的影响。在报废阶段，还要分析车辆的主要故障模式和故障规律，为后续车辆的设计改进提供参考。

可见，故障诊断始终围绕着"故障"开展，其目的是最大限度地避免或减少故障，保证车辆的安全性、可用性和维修性。它不仅是轨道车辆运维管理的核心内容，更是车辆全生命周期质量管控的关键手段。随着轨道交通的快速发展，轨道车辆的速度等级不断提升，结构日趋复杂，对故障诊断技术提出了更高要求。因此，深入研究故障诊断的基本原理和关键技术，对于提升轨道车辆的安全保障水平，推动轨道交通的可持续发展具有重要意义。

（二）轨道车辆故障诊断的目的

轨道车辆故障诊断的根本目的在于保障车辆安全、可靠、高效运行。通过及时、准确地发现和定位车辆故障，并采取针对性的维修措施，不仅可以预防事故发生，避免造成人员伤亡和财产损失，还能够最大限度地提高车辆利用率，降低运营成本，实现运输效益的最优化。

具体而言，轨道车辆故障诊断的目的主要体现在以下几个方面。

首先，故障诊断是保证乘客和作业人员生命安全的重要手段。轨道车辆属于大型机电装备，一旦发生故障，尤其是制动系统、牵引系统等关键部件出现问题，极易引发列车追尾、脱轨等重大事故，给乘客和作业人员的生命安全带来严重威胁。通过故障诊断，可以及时发现安全隐患，采取紧急措施，将风险控制在最小范围内。

其次，故障诊断是提高车辆可靠性和可用性的关键环节。轨道车辆由众多复杂的机械、电气、电子等部件组成，任何一个部件的故障都可能导致列车无法正常运行，影响运输任务的完成。而故障诊断可以帮助检修人员快速找到故障原因，缩短列车停运时间，提高车辆可用率。同时，通过对故障数据的分析，还可以发现车辆设计、制造、使用等环节存在的问题，为优化设计、完善工艺、改进管理提供依据，从而全面提升车辆可靠性水平。此外，故障诊断还是降低运营成本、提高经济效益的有效途径。轨道车辆的采购、运营、维修等都需要大量资金投入，而频繁发生故障不仅会直接导致维修费用增加，还会引发列车延误、线路中断等问题，给运营企业带来难以估量的经济损失。通过加强故障诊断，一方面可以减小故障发生频率，降低维修成本；另一方面可以提高列车正点率和线路通行能力，为企业创造更多经济效益。

最后，故障诊断还具有重要的环保和节能意义。轨道交通作为一种低碳、环保的出行方式，在缓解城市交通压力、改善大气环境质量方面发挥着越来越重要的作用。而车辆故障会直接导致能源浪费和环境污染，例如牵引电机效率降低会增加电能消耗，制动系统异常会加剧制动盘磨损等。通过故障诊断，可以使车辆处于最佳工作状态，提高能源利用效率，减少有害物质排放，为建设绿色交通、实现可持续发展贡献力量。

（三）轨道车辆故障诊断的过程

轨道车辆故障诊断的过程主要包括以下几个步骤。首先，要通过各种传感器和监测设备获取车辆运行状态数据，如速度、加速度、温度、振动等。这些数据往往具有数量大、维度高、实时性强等特点，对数据采集和传输提出了较高要求。其次，原始监测数据往往夹杂着大量的噪声和冗余信息，需要进行预处理和特征提取。常用的方法包括数字滤波、时频分析、统计分析等，目的是从海量数据中挖掘出能够反映故障特征的信息。

在获得高质量的故障特征数据后，诊断算法就可以发挥作用了。根据诊断任务的不同，可以采用基于模型的方法、数据驱动的方法或两者的结合。基于模型的方法需要建立车辆系统的物理模型或数学模型，通过实测数据与模型输出的对比，判断系统是否发生故障。这类方法物理意义明确，但对建模的精度和计算效率要求较高。数据驱动的方法则直接从历史数据中学习故障与症状之间的映射关系，如神经网络、支持向量机、决策树等。这类方法不需要对系统进行建模，但需要大量的标注数据作为训练样本。

故障诊断的结果通常包括两个方面：故障定位和故障原因分析。故障定位是指确定故障发生的具体位置或部件，为后续的维修和更换提供指导。故障原因分析则是进一步探究故障发生的物理机理，为预防类似故障提供依据。在实际应用中，还需要综合考虑诊断的准确性、实时性、可解释性等因素，权衡诊断算法的选择。

二、轨道车辆故障诊断的基本原则

（一）早期预防原则

轨道车辆是一种大型、复杂的机电设备，其故障通常具有隐蔽性、突发性、时变性等特点。一旦发生故障，不仅会影响车辆的正常运行，造成经济损失，更可能威胁乘客的生命安全。因此，与其被动地等待故障发生后再去处理，不如主动采取预防措施，尽早发现和消除故障隐患。这就是早期预防原则的核心要义。

早期预防原则要求人们树立"预防为主，防患于未然"的理念，将故障诊断工作的重心前移。这就意味着要高度重视对轨道车辆的日常检查、维护和保养。通过定期的例行检查，可以及时发现车辆各部件的磨损、老化、变形等异常情况，捕捉到潜在的故障征兆。一旦发现问题，应立即采取维修或更换措施，将故障消灭在萌芽状态。这种"治未病"的方法虽然看似增加了一定的工作量，但从长远来看，却能够大大降低故障发生的概率，减少维修成本，提高车辆的可靠性和安全性。

此外，早期预防原则还要求人们加强对轨道车辆运行状态的实时监测。现代轨道车辆普遍装备各种传感器和数据采集装置，能够连续记录车辆的速度、加速度、温度、振动等关键参数。通过对这些海量数据的分析和挖掘，可以发现车辆运行过程中的异常波动和趋势变化，为故障诊断提供重要线索。一旦监测到某项指标超出正常范围或出现反常变化，应立即启动预警机制，分析原因，评估风险，必要时可采取限速、停运等措施，防止故障进一步恶化。

早期预防原则的贯彻离不开先进诊断技术的支撑。传统的故障诊断主要依赖人工经验和技能，存在主观性强、效率低下等局限；而现代诊断技术（如故障树分析、专家系统、机器学习等）能够将人的经验知识与计算机的快速计算能力相结合，实现故障的快速、准确定位和预测。运用这些技术，可以建立起完善的故障诊断知识库和预测模型，不断总结和学习历史故障案例，形成一套科学、高效的预防性诊断方法。这将大大提升故障预防的智能化水平和精准度。

当然，早期预防原则的落实还需要人员素质的保障。轨道车辆的检修和诊断工作对从业人员的专业知识和操作技能提出了很高要求。因此，必须加强对一线检修人员的培训和考核，提高其安全意识和责任心，使其熟练掌握各种诊断方法和设备的使用。同时，要建立健全工作流程和质量管控体系，严格按照标准作业，杜绝违章操作，确保诊断工作的规范化和制度化。只有人员、技术、管理等各方面形成合力，才能真正将早期预防原则落到实处。

（二）全面诊断原则

轨道车辆是一个复杂的系统工程，由车体、转向架、牵引系统、制动系统、供电系统、通信系统等多个子系统组成。这些子系统之间相互依存、相互制约，共同决定着车辆的运行状态。因此，在进行故障诊断时，必须立足车辆整体，统筹兼顾各个子系统，开展全方位、多角度的综合分析。片面或孤立地诊断某个部件或子系统，很可能会忽略问题的根源，导致诊断结果的片面性和局限性。

检修人员要具备扎实的专业理论知识和丰富的实践经验。检修人员需要深入理解车辆各子系统的工作原理、结构特点和相互关系，洞察其内在联系和作用机制。同时，检修人员还应掌握先进的诊断技术和方法（如故障树分析、专家系统诊断、模糊逻辑诊断等），提高诊断的科学性和准确性。在实际诊断过程中，检修人员应全面收集车辆运行工况、故障现象、环境因素等信息，通过逻辑推理、比较分析、实验验证等手段，系统排查故障发生的原因，制定针对性的维修方案。

全面诊断还应关注轨道车辆故障的多发性和关联性。在长期运行过程中，一些关键部件或薄弱环节往往会出现反复故障或多点故障，如轮对多点踏面剥离、制动盘热斑和裂纹、轴承温升异常等。对这些故障，切不可孤立对待，而应从系统的角度分析其成因和传递路径，揭示故障之间的内在联系。诊断时若发现某个部件的故障，还应检查与其相关的其他部件，防止遗漏隐性故障或衍生故障。只有通过全面系统的分析，才能准确把握故障的全貌，从根本上解决问题。

此外，全面诊断还要求与车辆运维管理紧密结合。诊断不是孤立的活动，而应融入到车辆全寿命周期管理中。检修人员应定期对车辆开展全面体检，评估其健康状态，预测潜在的故障风险。根据诊断结果，适时优化运维策略，调整检修周期，合理配置备品备件，最大限度地提高车辆的可用性和可靠性。与此同时，还应充分利用车载诊断系统、地面动态监测系统等信息化手段，实现车辆状态的实时监控和故障的早期预警，为全面诊断提供数据支撑。

（三）分级管理原则

在轨道车辆的日常运营中，各类故障的严重程度和影响范围差异显著。轻微故障可能仅影响车辆的局部性能，而严重故障则可能威胁行车安全，甚至造成重大事故。因此，有必要根据故障的严重程度、发生频率、导致的后果等因素，对故障实施分级管理。这不仅有利于优化诊断资源配置，提高诊断效率，更能从源头上控制事故风险，保障乘客生命财产安全。

具体而言，轨道车辆故障可以划分为 A、B、C、D 四个等级。A 级故障是指对行车安全构成直接威胁，可能导致列车脱轨、碰撞等重大事故的严重故障（如制动系统失效、牵引电机着火等）。这类故障必须立即停车处理，并启动应急预案。B级故障虽然不会立即威胁行车安全，但如果放任不管，则可能恶化为A级故障（如轮对裂纹、悬挂装置损坏等）。对于B级故障，要密切关注其发展趋势，及时安排检修。C级故障主要影响乘客舒适度和列车正点率（如空调失灵、门锁装置松动等）。这类故障应纳入常态化检修计划，择机排除。D级故障则是指不影响车辆安全运行和使用功能的一般性故障（如内饰破损、标识灯不亮等）。对于此类故障，可进行定期集中处理。

在实施分级管理的基础上，轨道车辆故障诊断还应遵循"预防为主、防治结合"的原则。传统故障诊断多采用事后检修的被动方式，即在故障发生后再进行排查和处理。这种方式不仅效率低下，而且可能错过最佳处置时机，给安全运营埋下隐患。而预防性诊断是通过大数据分析、状态监测等技术手段，提前发现故障征兆，从而实现故障的早发现、早预警、早处置。例如，可以利用车载传感器实时采集轮对温度、振动等数据，一旦发现异常，及时安排检查，避免小故障酿成大隐患。同时，加强日常维护保养，从源头上减少故障发生概率，也是预防性诊断的重要组成部分。

分级诊断与预防性诊断相结合，能够形成一套科学、高效、全面的轨道车辆故障诊断管理体系。在这一体系中，不同等级的故障各有对应的诊断策略和处置流程。高等级故障被赋予更高的优先级，处置时需调动更多的诊断资源；而常见的低等级故障则被纳入常态化管理，通过定期检修和日常养护来处置。这种分级诊断模式不仅能够最大限度地消除安全隐患，还能在维修成本、运营效率等方面实现最优平衡，为轨道车辆的安全、可靠运行提供坚实的保障。

三、轨道车辆故障诊断的关键指标

（一）可靠性指标

可靠性指标是衡量系统在特定工作环境和时间内完成规定功能能力的重要参数。轨道车辆运行环境复杂多变，故障模式多样，因此对故障诊断系统的可靠性提出了较高要求。系统地分析可靠性指标的内涵、计算方法和影响因素，可以为提升轨道车辆故障诊断水平提供重要参考。

从内涵上看，可靠性指标通常包括平均无故障工作时间（MTBF）、平均修复时间（MTTR）和可用度（A）等。MTBF反映了系统在两次连续故障之间的平均工作时间，是衡量系统可靠性高低的重要指标。MTTR则表示系统从发生故障到修复完成所需的平均时间，体现了系统的可维护性。A则综合考虑了MTBF和MTTR，表示系统在规定时间内处于可用状态的概率。这些指标从不同侧面刻画了故障诊断系统的可靠性特征，为系统设计和优化提供了量化依据。

在计算方法上，可靠性指标的测算通常基于大量的故障数据和维修记录。通过统计分析故障发生的频率、持续时间以及维修耗时，可以估算出MTBF、MTTR等指标。同时，需要考虑系统的运行时间、环境条件等因素，以确保指标的准确性和代表性。对于复杂的轨道车辆故障诊断系统，可靠性指标的计算往往需要借助专门的软件工具和数学模型（如马尔可夫过程、贝叶斯网络等）。这些工具和模型能够综合考虑系统各组成部分的可靠性，预测系统在不同工况下的故障概率，为可靠性评估提供定量支撑。

影响可靠性指标的因素多种多样，既包括系统自身的设计特点，也涉及外部的使用环境和维护策略。从系统设计角度看，采用高可靠性的元器件、冗余备份的架构以及自诊断自恢复的机制，都有助于提升系统的MTBF。合理的模块化设计和标准化接口，可以缩短故障维修时间，改善系统的可维护性。从使用环境角度看，恶劣的温湿度条件、振动冲击载荷及电磁干扰等，都可能加速元器件的老化和退化，降低系统的可靠性。因此，在系统设计阶段就要充分考虑环境适应性，采取必要的防护措施。从维护策略角度看，定期的预防性维护和状态监测，能够及时发现和消除系统的潜在故障，避免严重事故的发生。同时，优化备件管理和维修资源配置，建立完善的故障应急预案，也是保障系统高可靠运行的重要举措。

（二）可维护性指标

轨道车辆可维护性是衡量系统或设备在规定条件下保持或恢复其规定功能所需维修难易程度的重要指标。作为轨道车辆故障诊断系统评价的关键因素之一，可维护性直接影响着系统的运行效率、维修成本和生命周期费用。因此，在轨道车辆故障诊断系统的设计与实施过程中，必须高度重视可维护性指标的分析与优化。

从系统架构的角度来看，提高可维护性的关键在于模块化设计和标准化接口。传统的轨道车辆故障诊断系统往往采用集中式架构，各功能模块之间耦合度高，维修时需要对整个系统进行全面检修，工作量大、周期长。而采用模块化设计，将系统划分为相对独立的功能模块，各模块之间通过标准化接口实现互联互通，则可以大大简化维修过程。一旦某个模块出现故障，检修人员只需拆卸、更换或维修该模块即可，无须对整个系统进行大规模的拆装和调试，从而显著降低维修难度，缩短维修时间。

从诊断算法的角度来看，可维护性与诊断模型的复杂度密切相关。过于复杂的诊断模型虽然可以提高诊断的精度和全面性，但也会导致模型的训练、更新和维护难度大幅增加。当系统需要扩展新的故障模式时，复杂模型的修改和调试过程往往耗时耗力，甚至需要重新进行大规模的数据采集和模型训练，这无疑会降低系统的可维护性。因此，在满足诊断性能要求的前提下，应尽量选择结构简单、原理清晰的诊断模型（如故障树、专家系统等）。这些模型具有良好的可解释性和可扩展性，检修人员可以根据实际需求灵活地对其进行修改和完善，而无须投入过多的时间和精力。

从人机交互的角度来看，友好、直观的操作界面和完备的维修指导是提高可维护性的有效途径。轨道车辆故障诊断系统的使用者往往并非专业的计算机技术人员，因此操作界面的设计应遵循"简洁、易用"的原则。诊断流程应清晰明了，操作步骤应简单易懂，诊断结果应直观准确。同时，系统还应提供形式多样的维修指导（如文字说明、图解、视频等），帮助检修人员快速准确地定位故障，选择合适的维修方案和工具，规范维修操作，从而最大限度地降低维修技能要求，减少维修失误。

轨道车辆故障诊断系统本身也难免出现软硬件故障，因此在系统设计之初就应考虑嵌入自诊断、自恢复模块。该模块通过实时监测系统的运行状态，及时发现并隔离出现的故障，在不影响整体功能的前提下实现自我修复或提醒维修，从而将故障的影响降到最低。例如，采用热备份技术对关键部件进行冗余设计、利用看门狗电路监控软件运行等。这些措施都可以显著提高系统的容错能力和自恢复能力，最大限度地减少人工维修的需求。

（三）安全性指标

轨道车辆承载着大量乘客的生命安全，任何故障都可能导致严重的人员伤亡和财产损失。由于其运行环境复杂，面临着多种潜在的风险因素（如极端天气、设备老化、人为失误等），因此，故障诊断系统必须具备极高的安全性，以确保轨道车辆的正常运行和乘客的出行安全。

从技术层面来看，提高故障诊断系统安全性的关键在于实现故障的精准识别和及时预警。这就要求系统能够全面收集车辆运行数据，综合分析各种工况下的故障特征，并建立完善的故障知识库和诊断规则库。同时，系统还应具备自学习、自适应的能力，能够根据实际运行情况不断优化诊断模型和算法，提高故障识别的准确率和健壮性。此外，在进行故障诊断时，还要充分考虑诊断结果的可解释性和可信度，避免误报或漏报导致的决策失误。

从管理层面来看，构建安全可靠的故障诊断系统离不开完善的安全管理制度和严格的操作规范。相关部门需建立健全的安全责任体系，明确各环节人员的职责和权限，并定期开展安全教育和技能培训，提高一线工作人员的安全意识和操作水平。同时，应建立完善的应急响应机制，制定详细的事故处置预案，确保在突发故障时能够快速、有序地开展抢修和救援工作，最大限度地减少事故损失。

从社会层面来看，轨道车辆故障诊断系统的安全性关乎公众利益，需要全社会的共同关注和支持。相关部门应加强与公众的沟通和互动，及时发布轨道车辆安全运行信息，提高系统运行的透明度和公信力。同时，应积极倡导安全文明出行理念，引导公众主动参与安全监督，共同营造良好的轨道交通安全环境。

第二节　轨道车辆故障诊断的原理

一、轨道车辆故障诊断的数学基础

（一）概率统计理论在故障诊断中的应用

随着高速列车、城市轨道交通的快速发展，轨道车辆系统日益复杂化、集成化，传统的基于经验和专家知识的诊断方法已难以满足实际需求。概率统计理论为轨道车辆故障诊断提供了科学、系统的理论基础和方法工具，使之从"经验诊断"走向"智能诊断"。

从概率的视角看，轨道车辆故障的发生是一个随机事件。设备在运行过程中受到各种内外因素的影响，其性能和状态呈现出一定的不确定性和随机性。通过分析和掌握这种随机性的统计规律，就可以对设备的健康状态进行预测和诊断。例如，利用概率密度函数可以描述某个故障特征参数的分布情况，判断其是否超出正常范围；利用条件概率可以分析在某些先兆条件下发生特定故障的概率，为故障预警提供依据。

从统计的角度看，轨道车辆故障诊断是一个基于大量历史数据和监测数据进行统计分析和推理的过程。通过对正常状态下和各种故障状态下的数据进行采集、筛选和分析，可以总结出反映设备健康状态的关键特征量及其统计规律，构建完整的知识库和诊断模型。例如，通过均值、方差、相关系数等统计量可以刻画故障特征参数的分布特点，通过假设检验、回归分析等方法可以揭示各参数间的内在联系，通过数据挖掘、机器学习等技术可以从海量监测数据中提取有效诊断信息。

在轨道车辆故障诊断中，贝叶斯理论是应用最为广泛的概率统计方法之一。其基于已知的先验知识和新采集的样本数据，通过贝叶斯公式对故障原因的后验概率进行推理和更新，从而得出最优诊断结果。这种方法充分利用了专家经验和实时监测信息，具有递归更新、自适应学习的优点，特别适合知识不完备、数据逐步积累的诊断问题。国内外学者围绕贝叶斯网络、朴素贝叶斯分类器等开展了大量研究，并取得了丰硕成果。

（二）模糊数学理论在故障诊断中的应用

传统的故障诊断方法往往基于精确数学模型，难以有效处理轨道车辆系统中普遍存在的不确定性和非线性问题。而模糊数学以其处理不确定性信息的独特优势，为轨道车辆故障诊断提供了新的思路和方法。

模糊数学理论通过引入隶属度概念，使得定性描述和定量计算有机结合，从而能够更加全面、准确地刻画轨道车辆系统的运行状态。在故障诊断过程中，模糊数学可用于建立故障模式、提取故障特征、优化诊断规则等关键环节。例如，利用模糊聚类算法对海量监测数据进行分析，可以自动识别出不同的故障模式，避免了人工经验判断的局限性。又如，通过模糊推理机制，可以综合多源异构的状态信息，得出更加可靠的故障诊断结果。

模糊数学在轨道车辆故障诊断中的应用具有多方面优势。首先，模糊理论能够直接处理语言值变量，使诊断知识表达更加接近人类思维习惯，有利于专家经验的提炼和利用。其次，模糊逻辑具有并行计算能力，可实现多个诊断子任务的同步执行，大大提高诊断效率。再者，模糊控制算法简单、易实现，便于在轨道车辆现场环境中部署应用。

国内外学者已经在轨道车辆故障诊断领域开展了大量的研究工作，取得了显著成果。一些代表性的研究包括：基于模糊 Petri 网的列车牵引系统故障诊断、模糊神经网络在转向架故障预测中的应用等。这些研究从不同角度验证了模糊数学理论用于轨道车辆故障诊断的可行性和有效性。

二、轨道车辆故障诊断的基本步骤

（一）故障信号采集与处理

1. 故障信号的采集技术

只有获取全面、准确的故障信号数据，才能为后续的信号处理、特征提取和模式识别等诊断环节提供可靠的输入，进而实现对车辆健康状态的精准判断和故障根源的有效定位。随着传感器技术、数据采集设备的不断发展，轨道车辆故障信号的采集能力虽已显著提升，但仍面临着诸多挑战。

从数据质量的角度来看，轨道车辆故障信号的采集需要克服多方面的干扰因素。首先，轨道车辆运行环境复杂多变，如温度、湿度、振动等外界条件的剧烈波动，均可能对传感器的工作性能产生影响，导致采集数据失真或不完整。其次，轨道车辆的机电系统高度集成，各子系统之间存在复杂的耦合关系，这使得故障信号易受到其他部件的干扰，信噪比降低。此外，轨道车辆的高速运动特性对数据采集的实时性和同步性提出了更高要求。如何在恶劣的工况条件下，实现多源异构传感器的精确布设、可靠供电、数据同步等，是保障采集数据质量的关键。

从数据量的角度来看，轨道车辆故障信号呈现出多参数、高维度、大容量等特点。一方面，轨道车辆涉及牵引、制动、悬挂等多个关键子系统，每个子系统又包含众多监测参数，如电流、电压、速度、温度等。另一方面，为了实现车辆全生命周期的状态监测，需要在长时间跨度内连续采集海量的运行数据。传统数据采集设备在存储容量、传输带宽等方面已难以满足需求，亟须引入大数据技术来提升数据管理和计算能力。同时，海量数据的分析处理也对算法的高效性、健壮性和适用性提出了新的挑战。

2. 故障信号的特征提取

随着轨道交通行业的快速发展，车辆故障形式日益复杂，传统的信号处理方法在面对日益提高的诊断要求时，逐渐显得力不从心。因此，探索先进、高效的故障信号特征提取方法，已成为轨道车辆故障诊断领域的研究热点和发展趋势。

从时域角度来看，故障信号特征提取主要包括统计特征提取和形态特征提取两大类。统计特征（如均值、方差、峰值、均方根等）可以反映信号的整体特性和能量分布情况，而形态特征（如波形因子、脉冲因子、峭度等）则能够描述信号的局部细节和瞬态变化规律。在实际应用中，常常将多种统计特征和形态特征结合使用，以获得更全面、更精确的故障信号表征。

从频域角度来看，故障信号特征提取主要基于傅立叶变换等信号处理方法，通过分析信号的频谱特性来识别潜在的故障模式。典型的频域特征包括频谱峰值、中心频率、带宽等，它们能够反映故障信号的频率成分和能量分布规律。然而，传统的频域分析方法难以有效处理非平稳信号，对早期微弱故障的检测能力也较为有限。为了克服这一局限，小波变换、经验模态分解等时频分析方法应运而生。这些方法能够同时提取信号的时域和频域特征，大大提高了故障诊断的灵敏度和可靠性。

值得注意的是，上述特征提取方法大多建立在线性系统假设之上，对于非线性、非平稳的复杂故障信号，其适用性和有效性受到一定限制。为了突破这一瓶颈，一些智能信号处理方法（如支持向量机、人工神经网络等）被引入故障诊断领域。这些方法能够自适应地提取故障信号的内在特征，具有较强的非线性映射能力和泛化性能，为复杂工况下的轨道车辆故障诊断提供了新的解决方案。

在实际工程应用中，特征提取方法的选择需要综合考虑诊断对象的特点、故障机理的复杂程度、信号采集的条件限制等诸多因素。通常需要结合领域知识和工程经验，针对性地设计特征提取流程，并优化特征子集，以平衡诊断性能与计算效率。此外，综合运用多种特征提取方法也是提升诊断系统稳健性和适应性的有效途径。

随着大数据、云计算、人工智能等新兴技术的快速发展，轨道车辆故障信号特征提取方法正在不断创新演进。一方面，海量监测数据为数据驱动的智能诊断方法提供了丰富的训练样本，使得端到端的故障信号特征学习成为可能。另一方面，知识驱动与数据驱动相结合的混合诊断范式正在兴起。领域知识可以指导特征提取过程，从而提高诊断模型的可解释性和泛化能力。未来，轨道车辆故障信号特征提取方法将向着智能化、自适应、深度融合的方向发展，为列车运行安全提供更加高效、可靠的技术保障。

3. 故障信号的预处理

由于轨道车辆运行环境复杂，采集到的原始信号往往含有大量的干扰和噪声，直接使用这些信号进行诊断，不仅会降低诊断精度，还可能导致误诊或漏诊。因此，对原始故障信号进行预处理就显得尤为重要。

轨道车辆故障信号预处理的第一步是数据清洗，即去除信号中的异常值和无效数据。异常值通常是由传感器故障、信号传输错误等原因引起的，其幅值远高于或低于正常信号，会对后续处理产生严重干扰。无效数据则是指那些与故障诊断无关的信息，如车辆编号、采集时间等。通过设定合理的阈值并利用数理统计方法，可以有效识别并剔除这些干扰数据，提高信号的质量和可靠性。

噪声去除是故障信号预处理的另一重点内容。轨道车辆运行时，由于机械传动系统的振动、电磁干扰等因素的影响，采集到的信号中往往混入了大量的随机噪声，掩盖了真实的故障特征。常用的噪声去除方法包括数字滤波、小波变换等。通过对信号进行时域分析，设计合适的滤波器，可以有效抑制噪声，提取出故障信号的有用成分。值得注意的是，滤波过程中要避免有用信息的丢失，需要在噪声抑制和信号保真度之间寻求平衡。

信号分割与同步也是预处理的重要环节。由于轨道车辆的机械结构和工作原理不同，各个部件的故障信号往往表现出不同的周期特性。为了准确提取故障特征，需要根据故障机理和先验知识，对采集到的长时间序列信号进行划分，找出与故障相关的信号片段。同时，要对不同传感器采集的信号进行时间同步，确保它们在时间尺度上的一致性。常用的信号分割方法有基于能量、基于频率、基于统计特征的方法等。

此外，故障信号的归一化处理也不容忽视。不同类型传感器采集到的信号，其幅值范围、单位等往往存在较大差异，不利于综合分析和特征提取。为了消除这种影响，需要对各个信号进行归一化处理，将其统一映射到同一尺度上。常见的归一化方法有最大最小值归一化、零均值归一化等。归一化后的信号更易于进行可视化分析和数值计算，有利于提高诊断算法的效率和精度。

(二) 故障信号与现象分析

1. 信号时域分析

时域分析是直接对采集到的时间序列信号进行分析，从时间维度上提取故障特征，为故障诊断提供依据。其理论基础是信号与系统理论，通过利用时域信号的统计特征参数（如均值、方差、峰值、峭度等），刻画信号的时域特性，进而判断系统的健康状态。

在轨道车辆故障诊断中，时域分析方法具有直观、计算简单、物理意义明确等优点。通过对振动、声音等时间序列信号的时域分析，可以得到反映轨道车辆部件健康状态的关键指标。例如，轴承故障会引起振动信号的幅值突变和周期性冲击等异常，齿轮磨损会导致其啮合频率处振动幅值增大，轮对不圆度会在转频处引入显著的谐波分量。这些时域特征的变化规律与故障类型和严重程度密切相关，因此成为机械故障诊断的重要判据。

常用的时域分析方法包括波形图分析、概率密度分析和自相关分析等。波形图分析是最直观的时域分析方法，通过观察时域波形图的形状特征（如周期性、对称性、冲击性等），可初步判断信号的性质和异常情况。然而，该方法在很大程度上依赖于检修人员的经验和专业知识，自动化程度较低。概率密度分析通过考察信号幅值的概率密度函数，获得更加定量化的时域特征。当设备发生故障时，其振动信号的概率密度函数往往会发生显著变化（如正态分布被破坏、出现多峰现象等），因此成为机械故障诊断的敏感指标。自相关分析则通过考察信号在不同时刻的相关性，能够有效检测信号中的周期性成分，已在轴承、齿轮等周期性故障的诊断中得到广泛应用。

除了上述经典方法外，一些新的时域分析技术也在轨道车辆故障诊断领域崭露头角。例如，时域同步平均法通过对转轴的角度进行重采样，提取出与转速同步的周期性信号，大大提高了早期微弱故障的检测灵敏度。最小熵去卷积方法利用信号的稀疏性，从振动信号中分离出冲击成分，实现轴承等部件的故障诊断与定位。这些新方法充分利用了时域信号蕴含的丰富信息，为轨道车辆的智能故障诊断开辟了广阔前景。

然而，实际工程中的故障信号往往具有非平稳、非线性等复杂特性，单纯依靠时域分析往往难以获得令人满意的诊断效果。因此，时域分析通常与频域分析、时频分析等方法相结合，形成多元化的故障特征提取体系。例如，小波分析利用小波变换的时频局部化特性，在时域和频域上同时刻画信号的奇异性，是轴承、齿轮等冲击型故障诊断的利器。经验模态分解将复杂信号自适应地分解为若干本征模函数，然后在时域或频域对这些分量进行分析，克服了传统方法的局限性。这些先进的信号处理方法与时域分析相互补充、相得益彰，极大地推动了轨道车辆故障诊断技术的发展。

2. 信号频域分析

将时域信号转换到频域，可以更直观地揭示故障信号的频率特性，为故障诊断提供关键信息。频域分析的基本思想是利用傅立叶变换等数学工具，将时域信号分解为不同频率的正弦波或余弦波的叠加，从而得到信号的频谱。通过分析频谱图中不同频率分量的幅值、相位等参数，可以判断信号中是否存在与故障相关的特征频率，进而实现故障诊断。

在轨道车辆振动信号的频域分析中，最常用的方法是快速傅立叶变换（FFT）。FFT 是一种高效的离散傅立叶变换算法，可以快速计算信号的频谱。通过对采集到的轨道车辆振动信号进行 FFT，可以得到振动信号的频谱图。频谱图直观地展示了信号在不同频率下的幅值分布，使得故障特征频率更加突出。例如，轴承故障通常会引起轴承特征频率及其倍频处振动幅值的增大，齿轮故障则会在齿轮啮合频率及其倍频处出现明显的频率峰值。通过识别这些特征频率，并结合轨道车辆零部件的几何参数和转速等信息，就可以判断故障类型和故障严重程度。

除了 FFT 之外，频域分析还包括多种其他方法（如功率谱分析、倒频谱分析、包络谱分析等）。功率谱分析是在频谱分析的基础上，计算各频率分量的功率，突出了主要频率成分的能量分布。倒频谱分析则是通过对频谱取倒数，放大了高频段的细节信息，有助于早期微小故障的检测。包络谱分析是对振动信号进行包络处理，提取调制信号的频谱，在轴承等部件的故障诊断中得到广泛应用。这些方法从不同角度挖掘频域信息，扩展了频域分析的应用范围。

此外，频域分析的有效性依赖于合适的信号预处理和参数选择。在实际工程中，轨道车辆振动信号往往受到噪声、干扰等因素的影响，信号质量较差。为了提高频域分析的精度，必须对信号进行去噪、平滑等预处理，压制噪声干扰，凸显有效信息。同时，频域分析的频率分辨率、谱线泄露等参数设置也会直接影响分析结果的可靠性。例如，频率分辨率与系数频率和信号、信号长度密切相关，而窗函数的选择则会影响谱线泄露的程度。因此，在频域分析的实际应用中，需要结合具体问题，优化信号处理流程和参数选择，以期获得更加准确、可靠的诊断结果。

3. 信号时频联合分析

与传统的时域分析和频域分析不同，时频联合分析能够同时揭示信号在时间和频率两个维度上的变化特征，为故障特征提取和故障模式识别提供更为丰富和准确的信息。

在轨道车辆故障诊断中，机械设备的振动信号通常具有非平稳性和多分量耦合的特点。这意味着故障特征往往体现为时间和频率两个域上的局部变化，而非全局的统计特征。传统的时域分析方法（如时间序列统计量计算、时间序列模型等）虽然能够刻画信号的整体特性，但难以准确捕捉时变的故障特征。频域分析方法（如傅立叶变换、功率谱分析等）能够揭示信号的频率成分，却无法反映这些频率成分随时间的演变规律。相比之下，时频联合分析通过时频分布或时频表示的方式，在二维时频平面上描述信号的能量分布，既保留了时间维度的局部信息，又体现了频率维度的全局特性，为故障诊断提供了更为全面和细致的依据。

在时频联合分析方法中，短时傅立叶变换（STFT）可以视为最基础和经典的一种。它通过引入一个滑动的时间窗口，在窗口内对信号进行傅立叶变换，得到一系列反映局部频谱的时频分布。然而，STFT 受到海森堡不确定性原理的限制，其时间和频率分辨率无法同时达到最优。为了突破这一局限，研究者开发出了一系列改进的时频分析工具，如 Wigner-Ville 分布、Choi-Williams 分布、Cohen 类分布等。这些方法在不同程度上实现了时频分辨率的权衡和优化，更好地适应了故障诊断的需求。此外，小波变换作为一种多分辨率的时频分析方法，也在轨道车辆故障诊断中得到了广泛应用。它通过伸缩和平移基本小波，实现了信号在不同尺度上的时频表示，特别适合分析突发性和瞬态的故障特征。

在轨道车辆故障诊断的实践中，时频联合分析已经展现出了独特的优势和广阔的应用前景。例如，利用 STFT 对轴承振动信号进行分析，可以清晰地观察到故障频率成分随时间的变化过程，准确判断故障类型和严重程度。应用 Wigner-Ville 分布对车轮擦伤振动信号进行处理，能够有效抑制交叉项干扰，提取出车轮不圆度和踏面不平顺等微弱的故障特征。基于小波变换对牵引电机电流信号进行分解，可以实现齿轮箱、轴系等关键部件的多故障模式识别和状态评估。这些成功案例充分证明了时频联合分析在轨道车辆故障诊断中的实用价值和发展潜力。

4. 现象分析

在掌握充分信息的基础上，检修人员需要深入分析故障现象，初步判断故障性质和部位。这需要检修人员具备扎实的专业知识和丰富的实践经验。通过对比故障现象与正常工况，检修人员能发现其中的异常之处。例如，某列车在运行过程中出现牵引力下降、速度不稳定等问题，结合故障码提示的牵引电机温度过高信息，检修人员可初步判定故障与牵引系统相关。进一步地，他们还要分析故障出现的时间、频率、严重程度等特征，推断故障的深层次原因。以牵引系统故障为例，检修人员需要判断温度异常是由电机本身质量问题、控制器故障，还是由其他部件（如齿轮箱、轴承等）引起的。

现象分析是故障诊断的重要环节，它为后续的详细检测和维修提供了方向。检修人员需要综合考虑设备的运行历史、维护记录及故障发生的环境条件等因素，以确保诊断结果的准确性和可靠性。例如，如果故障现象在特定工况下频繁出现，可能与设备的运行参数设置有关；而如果故障是突发性的，则可能与设备的突发性损坏有关。通过对故障现象的全面分析，检修人员可以缩小故障范围，为后续的精准诊断和修复提供有力支持。

（三）故障原因推断

根据以上分析，检修人员提出故障原因的初步判断，并制定针对性的检测方案。这一阶段的关键是要设计合理的诊断策略，选择适当的检测工具和方法。以牵引电机故障诊断为例，常用的检测手段包括绝缘电阻测试、绕组电阻测试、电流和电压波形分析等。通过这些测试，检修人员能够掌握电机各项性能指标，判断其是否满足标准要求。如果发现某项指标异常，则可进一步缩小故障范围，例如绝缘电阻降低可能提示绕组绝缘老化或受潮，电流波形畸变可能说明换向器或电刷故障等。

在推断故障原因时，检修人员还需结合设备的运行历史、维护记录以及故障发生的环境条件等因素，以确保诊断结果的全面性和准确性。此外，检修人员还应考虑故障之间的关联性，避免因单一故障原因的误判而遗漏其他潜在问题。

（四）故障验证与排除

在明确故障原因后，检修人员需进行必要的故障验证，以确保诊断结论的准确性。这通常需要对相关部件进行拆解检查，或更换可疑的故障部件，观察故障现象是否消除。例如，如果怀疑是牵引电机的绕组绝缘老化导致故障，可对电机绕组进行局部拆解，检查绝缘层是否有老化、破损或受潮的迹象；如果怀疑是换向器或电刷故障，可更换新的部件后重新测试，观察电流波形是否恢复正常。同时，还应进行必要的路试，在实际运行工况下评估故障是否完全排除。路试是验证故障排除效果的重要环节，它能够模拟设备的实际运行环境，确保故障在各种工况下均能得到有效解决。只有经过反复验证，才能最终确定故障原因，并提出合理的维修方案。维修方案应包括具体的维修措施、所需工具和材料、维修步骤以及预期的维修效果等内容，确保维修工作的高效、有序进行。

在故障验证与排除过程中，检修人员还需注意记录维修过程中的关键信息，如故障现象的变化、维修措施的效果等，以便后续进行故障分析和总结经验。此外，对于一些复杂故障或重复性故障，还应深入分析其根本原因，采取预防性措施，避免类似故障的再次发生，从而提高设备的可靠性和运行效率。

第三节 轨道车辆故障诊断的模型

一、故障树分析模型

（一）故障树分析概述

故障树分析是通过对系统故障的原因进行逐级分析，构建出故障发生的逻辑关系，从而找出导致故障的根本原因。在轨道车辆故障诊断领域，故障树分析得到了广泛应用。它不仅能够系统地分析轨道车辆的故障模式及其影响，还为制定合理的维修策略提供了重要依据。

故障树的基本原理在于将复杂系统的故障状态分解为若干个相对简单的子事件，然后用逻辑关系将这些子事件联系起来，形成一个树状结构图。在故障树中，系统故障被称为顶事件，它位于整个故障树的顶部；导致顶事件发生的各种原因则被称为基本事件，它们位于故障树的底部；介于顶事件和基本事件之间的事件称为中间事件，表示由基本事件导致的子系统或部件故障。故障树中的事件之间用逻辑门（如与门、或门、非门等）表示它们的因果关系。通过对故障树进行定性分析和定量计算，可以评估系统发生故障的概率，判断故障的严重程度，找出导致故障的关键因素。

构建故障树的过程需要深入理解系统的工作原理和失效机理，这对检修人员的专业知识和实践经验提出了较高要求。首先，检修人员需要根据轨道车辆的结构组成和功能特点，确定可能导致列车无法正常运行的顶事件，如"牵引系统失效""制动系统失效"等。然后，逐级分析导致顶事件发生的各种原因，直到找出最基本的故障原因为止。在这个过程中，既要全面考虑各种可能的故障模式，又要合理简化故障树的结构，避免其过于复杂而难以分析。

构建完成后的故障树具有清晰的层次结构和完备的逻辑关系，但仅凭定性分析还不足以准确诊断故障。因此，还需要在定性分析的基础上，引入可靠性理论方法对故障树进行定量计算。通过分析各基本事件的失效概率及它们之间的因果关系，可以定量评估顶事件发生的概率。同时，通过灵敏度分析、重要度分析等方法，还可以找出对系统可靠性影响最大的关键部件或薄弱环节，从而有针对性地制定检修和预防措施。

故障树分析方法的优点在于逻辑清晰、层次分明，能够将复杂系统的故障诊断问题化繁为简、条理化。但它也存在一定的局限性，例如对系统失效机理的描述不够精细，难以有效处理多故障耦合的情况等。因此，在实际应用中，故障树分析常常与其他诊断方法（如专家系统、贝叶斯网络等）结合使用，以取长补短，提高故障诊断的准确性和效率。

（二）故障树在轨道车辆中的构建

在故障树构建的过程中，准确识别和定义顶级事件是关键的第一步。顶级事件通常是一个系统级故障或不期望的状态，如"轨道车辆无法正常运行"等。明确顶级事件有助于厘清分析的范围和目标，为后续工作奠定基础。在确定顶级事件后，需要通过头脑风暴、专家访谈、历史数据分析等方法，系统梳理导致顶级事件发生的各种原因。这一过程要充分考虑轨道车辆的结构特点、工作原理和运行环境，从不同角度和层面进行全面分析。

在识别故障原因时，应遵循由上至下、逐层分解的原则。首先列出直接导致顶级事件的中间事件，如"牵引系统故障""制动系统故障"等；然后对每个中间事件进行进一步分解，识别更加具体的底层原因，如"牵引电机损坏""制动闸瓦磨损"等。在分解的过程中，要合理运用逻辑门（如与门、或门）来描述事件之间的因果关系。与门表示只有所有输入事件同时发生，输出事件才会发生；或门表示只要任一输入事件发生，输出事件就会发生。恰当使用逻辑门能够准确反映故障发生的机理，使故障树更加严谨、完备。

构建故障树时，还要注意基本事件的合理性和独立性。基本事件是不需要或不能再进行分解的底层原因，如"传感器失效""机械部件疲劳断裂"等。选择基本事件要符合轨道车辆领域的专业知识和实践经验，避免遗漏重要因素或引入无关变量。此外，在同一逻辑层级上，要保证基本事件之间相互独立，即一个事件的发生不影响其他事件发生的概率，这样才能确保故障树定量分析的有效性。

在故障树构建完成后，还需进行必要的评审和验证。可邀请相关专家、技术人员对故障树的结构、逻辑关系进行审核，识别可能存在的错误、遗漏或不合理之处。同时，应结合实际故障案例，对故障树的准确性和适用性进行验证。通过不断的修正和完善，最终建立起高质量的轨道车辆故障树模型。

故障树在轨道车辆领域的构建需要遵循系统性、严谨性、专业性的原则。深入分析顶级事件，科学分解故障原因，合理运用逻辑门，选择恰当的基本事件，并开展评审验证，是构建高质量故障树的关键。只有建立在专业知识和丰富经验基础之上的故障树，才能真正发挥其在轨道车辆故障诊断与安全管理中的重要作用，为轨道交通的安全、可靠、高效运营提供坚实的技术支撑。

（三）基于故障树的轨道车辆故障诊断

故障树分析模型作为一种直观、系统的故障诊断工具，在轨道车辆故障诊断中得到了广泛应用。故障树能够清晰地展示复杂系统中各个组件之间的逻辑关系，直观揭示系统失效的原因。通过自顶向下的分析方法，将系统故障逐步分解为各个子系统、部件乃至基本事件的故障，从而定位故障根源，指导检修决策。

在轨道车辆领域，构建科学合理的故障树是进行有效故障诊断的关键。轨道车辆由车体、转向架、牵引系统、制动系统、车门系统等多个复杂子系统组成，各子系统又包含众多部件，它们之间存在着错综复杂的依赖关系。因此，在构建故障树时，首先要全面收集各子系统的结构、功能和故障模式等信息，然后运用功能分析、失效模式与影响分析（FMEA）等方法，系统梳理各组件之间的逻辑关系，确定顶事件、中间事件和基本事件。同时，要考虑人的不安全行为、环境影响等因素对系统可靠性的影响。只有在全面分析的基础上构建起完整、准确的故障树，才能为后续故障诊断提供可靠依据。

基于故障树的轨道车辆故障诊断一般分为定性分析和定量分析两个阶段。定性分析主要采用最小割集法，通过布尔代数运算，找出导致顶事件发生的所有基本事件组合，从而揭示系统薄弱环节。例如，通过分析轨道车辆牵引系统故障树，可以发现牵引电机、主变流器等关键部件是导致牵引系统失效的主要原因。在此基础上，可以有针对性地制定预防性维修策略，提高系统可靠性。定量分析则利用各基本事件发生概率，计算顶事件的发生概率，评估系统的安全性和可用性。这需要大量的统计数据支撑，对数据的完整性和准确性要求较高。定量分析结果可以帮助管理者合理配置维修资源，优化检修周期。

为了进一步提升故障树分析在轨道车辆故障诊断中的适用性和有效性，一方面要加强理论研究，借鉴安全工程、系统工程等学科的最新成果，创新故障树构建技术和分析方法；另一方面要重视数据积累和挖掘，综合利用物联网、大数据等新兴技术，实时采集轨道车辆运行状态数据，构建故障知识库，为故障树分析提供数据支撑。同时，要加强故障树分析与其他诊断方法的融合，发挥各自优势，形成完备的故障诊断技术体系。

二、神经网络模型

（一）神经网络模型架构设计

与传统的基于规则或统计的方法相比，神经网络能够自动从海量运行数据中学习故障特征，具有强大的非线性映射能力和良好的容错性，能够实现复杂系统的精准建模和预测。因此，合理设计神经网络模型架构成为轨道车辆故障诊断领域的关键问题。

一个高效的神经网络故障诊断模型需要综合考虑输入数据的特点、网络层数与节点数、激活函数选择、训练算法优化等多个方面。就输入数据而言，轨道车辆运行过程中产生的原始数据通常具有高维度、非平稳、强噪声等特点。因此，在将这些数据输入神经网络之前，往往需要进行特征提取与选择，去除冗余和干扰信息，突出与故障相关的关键特征。常用的特征提取方法包括短时傅立叶变换、小波分析、经验模态分解等，它们能够从时域、频域、时频域等不同角度刻画信号的动态变化特性。

网络结构的设计是影响诊断性能的另一个关键因素。一般来说，浅层网络难以充分挖掘复杂系统的内在规律，而过于深层的网络则容易出现梯度消失、过拟合等问题，导致泛化能力下降。因此，选择适度的网络深度至关重要。实践表明，对于轨道车辆故障诊断任务，3~5 层的多层感知机（MLP）或卷积神经网络（CNN）通常能够取得较好的效果。其中，CNN 能够自动提取局部特征，对平移、尺度等变化保持不变性，非常适合处理振动信号等时序数据。在每层网络中，还需要合理设置神经元数量。一般根据经验公式初步确定，再通过反复试验进行微调，以期在计算效率和拟合能力之间达成平衡。

激活函数和训练算法的选择也会显著影响网络性能。传统的 Sigmoid 函数易出现梯度消失问题，而 ReLU、Leaky ReLU 等新型函数能够缓解这一问题，加速网络收敛。在训练过程中，Adam、RMSprop 等自适应学习率算法能够动态调整每个参数的更新步长，兼顾泛化能力和收敛速度。此外，dropout、L1/L2 正则化等策略能够有效抑制过拟合，提高模型的健壮性。

（二）训练样本选取与预处理

在基于神经网络的轨道车辆故障诊断模型设计与开发过程中，训练样本的选取与预处理直接关系到模型训练的效果和故障诊断的准确性。因此，需要根据轨道车辆的特点和故障诊断的要求，采用科学合理的方法获取高质量的训练样本，并对其进行必要的预处理，为后续的模型训练奠定良好的基础。

训练样本的选取应充分考虑轨道车辆故障的多样性和复杂性。轨道车辆由众多子系统和零部件组成，不同部位发生的故障类型、故障模式各不相同。因此，训练样本需要涵盖轨道车辆各主要子系统，如牵引系统、制动系统、供电系统、走行部等，并包含常见故障类型，如电机故障、轴承故障、齿轮箱故障、悬挂系统故障等。同时，应兼顾不同故障严重程度和不同工况条件下的故障数据，以提高样本的代表性和多样性。这就需要在轨道车辆运营和检修过程中，有针对性地收集和积累故障数据，形成结构化、标准化的数据集。

除了样本的全面性，训练样本的质量也至关重要。理想的训练样本应具有高的信噪比、完整的故障信息和准确的故障标注。然而，现实中获取的原始数据往往存在噪声干扰、数据缺失、标注错误等问题，需要进行必要的预处理。常用的预处理方法包括数据清洗、特征选择、数据归一化等。数据清洗是去除异常值、填补缺失值的过程，可以采用统计学方法，如 3σ 准则、最近邻插值等。特征选择是从原始数据中提取最有效、最具代表性的特征子集，以降低数据维度，减少计算量。常用的特征选择方法有基于统计指标的方法，如方差分析、相关系数法等，以及基于智能优化算法的方法，如遗传算法、粒子群优化等。数据归一化是将不同量纲、不同数值范围的数据映射到同一尺度，常用的方法有最大最小值归一化、零均值归一化等。通过这些预处理操作，可以有效提升训练样本的质量，为后续的模型训练创造有利条件。

训练样本的合理划分也是一个需要重点考虑的问题。为了客观评估模型的泛化能力，需要将样本集划分为训练集、验证集和测试集。其中，训练集用于模型参数的学习和更新，验证集用于模型超参数的选择和调优，测试集用于评估模型的最终性能。三个样本子集应互不重叠，且与总体样本有相近的统计分布。样本划分的比例需要根据样本量、模型复杂度等因素合理设置。通常，训练集占比最大，验证集和测试集次之。对于样本量较小的情况，可以采用交叉验证的方式，充分利用有限的样本。

（三）模型参数优化与调试

构建高效、准确的神经网络诊断模型需要对模型参数进行细致的优化与调试。这一过程不仅关系到模型的诊断性能，更影响着模型在实际工程应用中的可靠性和健壮性。

1. 确定合适的优化算法

传统的基于梯度下降的优化方法，如随机梯度下降（SGD）、Adam等，在神经网络训练中得到了广泛应用。然而，这些算法在处理高维、非凸目标函数时往往表现出收敛速度慢、易陷入局部最优的缺陷。为了摆脱这一困境，一些学者提出了改进的优化策略，如自适应学习率算法。这些算法能够根据历史梯度信息动态调整每个参数的学习率，在加速收敛的同时避免了梯度消失或爆炸的问题。此外，二阶优化算法（如牛顿法、拟牛顿法等）利用海森矩阵的二阶导数信息来指导参数更新，理论上能够达到更快的收敛速度。然而，这类算法在计算和存储海森矩阵时往往面临巨大的开销，在大规模神经网络训练中受到限制。因此，如何在算法效率和性能之间取得平衡，是参数优化过程中需要审慎考虑的问题。

2. 模型超参数的设置

神经网络中的超参数包括网络层数、每层神经元数量、激活函数类型、学习率、正则化参数等。这些超参数与模型的拟合能力和泛化性能密切相关，但很难从理论上给出最优的设置策略。在实践中，通常采用启发式搜索或自动化调优的方法来确定超参数。例如，网格搜索通过枚举所有可能的超参数组合，并利用交叉验证评估模型性能，从而选出最优参数。但这种暴力搜索方法在超参数维度较高时计算代价将变得难以承受。为此，一些改进的搜索算法被引入到超参数优化中，如随机搜索、贝叶斯优化等。这些算法利用先验知识或采样策略，在参数空间中智能地选择下一组超参数，在降低搜索开销的同时提高优化效率。超参数的自动调优不仅减轻了人工调参的负担，也为构建高性能的诊断模型提供了有力支撑。

3. 模型训练过程中的调试与修正

通过可视化工具实时监测模型的训练状态，如损失函数变化曲线、梯度分布直方图等，可以直观地评估优化过程是否正常进行。同时，引入早停机制，能够在验证集性能不再提升时自动终止训练，防止过拟合的发生。在训练数据方面，采用数据增强、样本均衡等技术能够扩充样本空间，缓解数据不足或分布不均衡带来的影响。此外，模型集成方法（如 Bagging、Boosting 等）通过结合多个基学习器的预测结果，能够显著提升模型的泛化性能和健壮性。在实现阶段，采用高效的深度学习框架（如 PyTorch、TensorFlow 等），利用图形处理器（GPU）加速运算，也能够极大地缩短调试和训练的时间。此外，合理设置训练过程中的日志记录和检查点保存机制，可以方便地回溯训练过程，及时发现和解决问题。

三、模糊逻辑模型

（一）模糊逻辑的基本原理

与传统的基于精确数学模型的方法相比，模糊逻辑能够更好地处理故障诊断过程中的不确定性、非线性和多源异构信息，为轨道车辆提供更加智能、准确的故障诊断服务。

模糊逻辑的核心思想是利用模糊集合理论，通过隶属度函数来描述事物的模糊性和不确定性。在轨道车辆故障诊断中，各种故障症状和运行参数往往具有一定的模糊性，难以用确定性的数学语言精确描述。例如，"温度偏高""振动异常"等故障特征本身就带有模糊性。模糊逻辑通过建立模糊规则库，将专家的诊断经验和知识转化为 IF-THEN 形式的模糊推理规则，实现对故障的快速识别和定位。这种基于专家经验的推理方式，能够有效弥补传统模型驱动方法的不足，提高故障诊断的准确性和适应性。

在模糊逻辑的故障诊断模型中，首先需要进行模糊化处理，将故障征兆等输入变量转化为语言值，如将温度分为"低""正常""高"等模糊集合。接着，根据专家知识建立起完备的模糊规则库，形成从故障征兆到故障原因的推理链。在推理过程中，模糊逻辑控制器通过计算隶属度，激活相应的规则，得出故障原因的可能性大小。最后，通过重心法、最大隶属度法等去模糊化方法，将模糊结果转化为确定性的诊断结论，实现故障原因的准确定位。

相比于传统的故障树分析、神经网络等诊断方法，模糊逻辑诊断模型具有以下优势。知识表达更直观：模糊逻辑以贴近人类自然语言的方式表达知识，便于理解和应用。故障诊断更全面：能够同时考虑多个故障特征，综合分析各种可能的故障模式，提供更加全面可靠的诊断结果。容错性与健壮性更强：即便输入信息不完整、存在噪声干扰，模糊逻辑的容错能力也能确保诊断系统稳定运行。可解释性好：诊断推理过程清晰透明，便于检修人员理解和决策。

（二）模糊逻辑在故障诊断中的优势

模糊逻辑在故障诊断领域具有显著优势，其独特的推理机制和知识表达方式为实现智能化、自适应的诊断决策提供了有力支撑。与传统的基于精确数学模型的诊断方法相比，模糊逻辑诊断模型能够更好地处理复杂系统中普遍存在的不确定性和非线性问题，克服知识获取难、建模难等瓶颈，显著提升诊断的精度和效率。

模糊逻辑诊断模型以模糊集合理论为基础，通过隶属度函数将定性的诊断知识和经验量化表示，并利用模糊推理机制模拟专家的诊断思维过程。这种知识表达和推理方式高度贴近人类自然语言描述和思维习惯，使得诊断知识的获取、表示和应用更加直观、灵活。即便面对不完备的信息和数据，模糊逻辑模型依然能够给出合理的诊断结论。同时，模糊逻辑还支持多源异构诊断知识的融合，可以将数值型传感器数据与语言型专家经验有机结合，形成更加全面、可靠的诊断证据，提高系统对故障的辨识和定位能力。

在轨道车辆等复杂机电装备的故障诊断中，影响因素多、机理复杂、不确定因素多的特点尤为突出。模糊逻辑诊断模型无须建立精确的数学方程，而是基于专家经验总结出一系列 IF－THEN 形式的模糊规则，描述故障的表现、原因和机理，有效克服了系统的不确定性和非线性。通过对信号的模糊化处理和模糊推理求解，可输出易于工程人员理解的语言型诊断结果，并支持在线、实时的决策分析。

此外，模糊逻辑诊断模型还具有很强的自学习和自适应能力。通过与神经网络、进化算法等智能优化方法的融合，可实现参数的自动调整和规则库的动态优化，不断积累诊断经验，改进和完善诊断策略。这些独特优势使得模糊逻辑在轨道车辆故障诊断领域得到了广泛应用和验证，成为智能故障诊断的重要方法之一。

（三）模糊逻辑诊断模型的构建方法

模糊逻辑是通过模拟人类的思维过程，对不确定性问题进行描述和求解。将其应用于轨道车辆故障诊断，可以有效处理故障信息的不确定性和诊断过程的复杂性，从而提高诊断的准确率和效率。

构建基于模糊逻辑的轨道车辆故障诊断模型，首先需要建立故障知识库。知识库中包含各种故障的典型特征、产生机理及诊断规则等专家经验知识。这些知识通过模糊集合和模糊关系等数学工具进行表示，形成一套完整的模糊推理规则库。故障诊断时，将采集到的故障信息输入到模糊诊断模型中，经过模糊化、模糊推理和解模糊等步骤，最终得出故障原因和隶属度。

在模糊化阶段，需要将故障信息转化为模糊变量。例如，将温度划分为"低""中""高"三个模糊子集，将振动幅值划分为"小""中""大"三个模糊子集。每个模糊子集都有对应的隶属度函数，用于描述故障信息对该子集的隶属程度。隶属度函数的选择要综合考虑故障机理、专家经验和实际工程需求等因素。常见的隶属度函数包括三角形、梯形、高斯型等。

模糊推理是模糊诊断的核心环节，其基本原理是模拟人类专家的诊断思维过程。首先，根据故障特征激活知识库中的若干条诊断规则；然后，通过一定的模糊推理算法对各条规则进行综合推理，得出故障原因的模糊集合；最后，运用重心法、最大隶属度法等方法对模糊结果进行解模糊化处理，确定最可能的故障原因及其可信度。

为了提高模糊诊断模型的适应性和健壮性，还可以引入自学习机制。通过神经网络、遗传算法等智能优化技术，使诊断模型能够根据诊断反馈信息自动调整隶属度函数和诊断规则，不断完善知识库，提高诊断性能。自学习过程可以离线或在线进行：前者利用历史诊断案例对模型进行训练优化，后者在实时诊断过程中动态更新模型参数。

模糊逻辑诊断模型在轨道车辆故障诊断中已经得到了广泛应用。以轴承故障诊断为例，可以将振动信号的时域、频域特征参数作为模糊变量，建立包含轴承内圈、外圈及滚动体等典型故障的模糊诊断规则库。当轴承出现异常振动时，诊断模型能够快速判断故障类型和严重程度，为后续的维修决策提供依据。相比于传统的阈值诊断方法，模糊逻辑诊断模型充分考虑了故障信息的不确定性，诊断结果更加贴近工程实际。

四、数据驱动模型

数据驱动的诊断模型以大量的历史运行数据为基础，通过机器学习等智能算法，自动提取与故障相关的隐含特征，构建能够准确预测和识别故障的数学模型。与传统的基于物理机理或专家经验的诊断方法相比，数据驱动的方法具有自适应性强、精度高、实时性好等优势。

一般来说，数据驱动诊断模型可分为浅层模型和深层模型两大类。浅层模型〔如支持向量机（SVM）、随机森林（RF）等〕具有结构简单、训练速度快、泛化性能好的特点，而深层模型〔如 CNN、长短时记忆网络（LSTM）等〕则能够自动学习数据中的高阶、非线性特征，具有更强的表达能力和建模能力。在实际应用中，需要根据诊断对象的特点、数据的规模和质量、计算资源的限制等因素，权衡不同模型的优缺点，选择最优的模型结构。

以轨道车辆的轴承故障诊断为例。轴承是轨道车辆的关键零部件之一，其故障会直接影响车辆的运行安全和可靠性。传统的轴承故障诊断主要依赖于振动信号分析（如时域统计特征、频域特征、小波分析等方法）。这些方法在一定程度上能够反映轴承的健康状态，但面对日益复杂的工况条件和海量的监测数据，其诊断性能还有待提高。近年来，一些学者尝试引入数据驱动的方法，利用深度学习技术直接从原始振动信号中提取故障特征。例如，某些学者提出了一种基于严重不良事件的轴承故障诊断方法，通过无监督逐层预训练和有监督微调，使诊断模型能够自适应地学习到轴承振动信号的本质特征，在轴承的内圈、外圈及滚动体等典型故障模式上取得了较高的诊断精度。

不合适的参数设置会导致模型欠拟合或过拟合，降低诊断的准确性和泛化性。因此，需要采用一些自动调参的技术，如网格搜索、随机搜索、贝叶斯优化等，在参数空间中寻找最优的参数组合。同时，要采用交叉验证、早停等正则化手段，防止模型过度复杂，提高其健壮性。

第三章　轨道车辆故障诊断方法与技术

第一节　轨道车辆故障诊断的基本方法

一、统计学方法

（一）正态分布法

正态分布（又称高斯分布）是一种常见的连续概率分布，其概率密度函数呈现出对称的钟形曲线，具有均值、方差、峰度和偏度等重要统计参数。正态分布的核心特性是大多数数据集中在均值附近，且数据的分布是对称的。利用正态分布的特性，可以建立轨道车辆各个部件的健康状态基准。当监测数据偏离正态分布时，即可判断出故障的发生。

在轨道车辆故障诊断中，正态分布法主要用于阈值的确定和异常检测。通过收集大量的轨道车辆运行数据，可以拟合出各个监测参数的正态分布曲线，确定其均值和标准差。在此基础上，可以设定合理的阈值范围，通常取正负三倍标准差之内。当监测数据超出阈值范围时，即可判定为异常，提示可能存在故障。这种方法简单易行，且具有一定的普适性，适用于多种类型的轨道车辆部件。

以轨道车辆的轴温监测为例，轴承温度是反映轴承健康状态的重要指标。通过长期监测轴承温度数据，可以得到其近似的正态分布曲线。在正常工况下，轴承温度通常在均值附近波动，呈现出较为稳定的状态。当轴承发生磨损、损伤等故障时，轴承温度会明显升高，偏离正态分布，超出预设的阈值范围。这时，诊断系统就会自动报警，提醒工作人员进行检修，避免故障进一步恶化。

正态分布法在轨道车辆故障诊断中的另一个应用是多参数融合诊断。轨道车辆运行状态受多个因素影响，单一参数难以全面反映其健康水平。利用正态分布，可以建立多元正态分布模型，综合考虑速度、轴温、振动等多个监测参数。通过马氏距离等指标，可以度量样本点偏离正态分布中心的程度，进而判断轨道车辆的综合健康状态。这种方法能够更加全面、准确地发现潜在故障，提高诊断的可靠性。

（二）相关分析法

相关分析法通过研究各个参数之间的相关性，寻找故障发生的内在规律，从而实现对故障原因的准确判断。在实际应用中，相关分析法主要包括皮尔逊相关系数法、斯皮尔曼等级相关系数法和卡方检验法等。其中，皮尔逊相关系数法适用于连续型变量之间线性相关关系的分析，斯皮尔曼等级相关系数法适用于分类变量之间的相关性分析，而卡方检验法则用于判断两个分类变量之间是否存在显著性差异。

在轨道车辆故障诊断中，相关分析法的应用主要体现在以下几个方面。故障位置判断：通过分析轨道车辆各个子系统之间的相关性，可以初步判断故障发生的位置。例如，如果牵引电机温度与牵引变流器温度呈现出显著的正相关关系，那么当牵引电机温度异常时，人们就有理由怀疑牵引变流器可能也存在故障。因果关系分析：相关分析法可以揭示故障之间的因果关系。通过分析故障参数之间的相关性，人们可以判断某些故障是否为其他故障的诱因，从而有针对性地制定检修策略。隐性故障模式发现：建立在大量历史数据基础上的相关分析可以帮助人们发现一些隐性的故障模式，这些模式可能很难通过常规的故障诊断手段发现，却对设备的长期健康运行有重要影响。

随着轨道交通行业的不断发展，列车运行状态监测系统日益完善，海量的状态监测数据为相关分析法的应用提供了坚实的数据基础。同时，人工智能技术的发展也为相关分析法注入了新的活力。通过将机器学习算法与相关分析法相结合，人们可以从海量数据中自动发现故障参数之间的关联模式，大大提高故障诊断的效率和准确性。此外，相关分析法的研究成果也可以反哺列车设计和维护策略的制定，帮助人们从源头上预防和减少故障的发生。

（三）回归分析法

回归分析法是通过建立自变量（影响因素）和因变量（故障相关指标）之间的数学模型，揭示各影响因素与故障发生之间的内在联系，从而为故障预测和诊断提供量化依据。在轨道车辆故障诊断中，回归分析法主要应用于建立部件失效率模型、剩余寿命预测模型等，以期通过数据驱动的方式揭示复杂系统的故障规律。

应用回归分析法进行轨道车辆故障诊断，首先需要明确分析目标，确定需要建模的故障类型或部件。随后，要根据专业知识和经验，选择合适的自变量，即影响故障发生的关键因素。这些因素可能包括车辆运行里程、牵引电机温度、轴承振动频率等。在确定了因变量和自变量后，需要收集大量的历史运行数据和故障数据，并对数据进行预处理（如异常值剔除、缺失值插补等）。数据质量的好坏直接影响模型的精度和可靠性。

在数据准备就绪后，需要选择合适的回归模型。常用的回归模型包括线性回归、逻辑回归、决策树回归等。模型的选择需要综合考虑数据特点、问题类型及模型的解释性等因素。例如，当自变量和因变量呈现明显的线性关系时，可以优先选择线性回归模型；当因变量是二分类变量（如故障/正常）时，逻辑回归则是更好的选择。对于非线性关系或复杂数据结构，可以考虑决策树回归或其他非线性回归模型。在模型训练阶段，要合理划分训练集和测试集，以评估模型的泛化性能。同时，要进行模型调参，如正则化参数的选择，以权衡模型的拟合能力和泛化能力。

建立回归模型后，需要对模型进行评估和诊断。评估指标的选取要结合实际问题，常用的指标包括均方误差、决定系数、精确率、召回率等。模型诊断主要检查模型的异方差性、自相关性等，以判断模型是否满足基本假设。如果模型表现欠佳或违背假设，需要进一步优化模型，如引入非线性项、交互项，或者尝试其他类型的回归模型。

回归分析模型建立后，可以用于故障预测和诊断。输入新的自变量数据，模型就可以预测故障发生的概率或故障部件的剩余寿命。这为制定检修策略、合理调配备件提供了重要依据。值得注意的是，模型的预测结果仅供参考，在实践中还需要结合专家经验和其他诊断方法进行综合判断，以确保诊断结果的准确性和可靠性。

二、观察法

观察法是通过视觉对车辆各部件的形态、状态、位置关系等进行检查，从而发现故障征兆，定位故障部位。相较于其他诊断方法，观察法具有直观、快速、经济等优势，在轨道车辆日常维护和故障排查中发挥着重要作用。

观察法的应用原理在于，绝大多数轨道车辆故障都会表现出一定的外在特征，如部件变形、断裂、松动、泄漏、异常磨损、异常声响等。检修人员通过目视检查就能直接捕捉到这些异常状态，判断车辆是否存在潜在故障隐患。即便一些深层次故障尚未引起明显的外观异常，检修人员细心观察后也能发现蛛丝马迹，为后续诊断奠定基础。

观察法的最大优势在于其直观性和便捷性。检修人员无须借助复杂的检测设备，仅凭肉眼和手电筒就能对车辆状态作出基本判断。这不仅节省了检测成本，提高了诊断效率，还可在野外、线路等条件有限的环境下完成初步排查，及时消除安全隐患。同时，观察法能够直观反映故障症状，有助于检修人员快速锁定故障部位，避免盲目拆卸、重复劳动。

三、听声法

听声法是轨道车辆故障诊断中一种直观、快速、无损且经济的检测方法。它主要通过人耳识别车辆运行过程中的异常声响，判断故障部位和性质，从而为进一步的诊断和维修提供依据。听声法诊断需要检修人员具备丰富的实践经验和敏锐的听辨能力，能够准确区分轨道车辆正常运行与故障状态下的声音特征。

听声法检测通常在车辆运行或静止状态下进行，可分为动态听声法和静态听声法。动态听声法是指在车辆运行过程中，检修人员可以通过听辨车轮与钢轨间的撞击声、齿轮啮合噪声、电机运转声等，判断是否存在轮轨异常磨损、传动系统故障、牵引电机故障等问题。例如，当车轮踏面出现剥离、凹陷等缺陷时，会产生周期性的异响；传动齿轮磨损严重时，啮合声往往呈现出尖锐、刺耳的特点；牵引电机轴承损坏时，则可能伴随着金属摩擦的杂音。通过分析这些声音的频率、强度、节奏等特征，检修人员可以初步判断故障的位置和类型。而在车辆静止状态下，听声法检测主要针对车辆的关键部件，如轴承、齿轮、制动装置等。检修人员通过手动转动车轴或敲击部件，仔细聆听其声响变化，识别可能存在的异常。例如，轴承早期故障往往表现为轻微的沙沙声或嘀嗒声；制动盘裂纹会引起尖锐的金属敲击声；齿轮磨损严重时，转动时会发出不均匀的沙砾声。静态听声法虽然直观简便，但对检修人员的经验和技能要求较高，需要长期积累和反复训练。

在实际诊断过程中，听声法通常与其他检测手段相结合，形成综合诊断方案。例如，听声法可以快速锁定故障区域，然后利用振动测试、油品分析等方法进一步确认故障原因；运用听声法发现齿轮异响后，可以借助内窥镜等光学设备直观检查齿面损伤情况。这种多手段、多层次的诊断模式，能够相互验证、相互补充，提高诊断的准确性和可靠性。

听声法对检修人员的素质要求较高，诊断结果受主观因素影响较大；同时，对于某些深层次、复杂性故障，仅凭声音特征难以准确判断，需要借助其他诊断技术。因此，在轨道车辆故障诊断中，听声法应作为一种重要的初筛手段，而非唯一的诊断方法。

四、触摸法

触摸法是一种简单而有效的故障诊断方法，能够直观、快速地判断设备的运行状态。通过触摸设备表面，检修人员可以迅速感知设备的振动、温度等特征，初步判断设备是否存在异常。这种方法简便易行，无须借助复杂的检测设备，因而在日常维护中得到广泛应用。

当听声法、观察法等方法难以确定故障部位时，检修人员可以通过触摸进一步缩小故障范围，为后续的精细检测提供方向。例如，当某一轴承出现异响时，检修人员可以通过触摸轴承座表面的温度和振动情况，判断异响是由轴承本身引起还是由其他部件传导而来。这样，就可以更有针对性地选择检测工具和方法，提高故障诊断的效率。

在应用触摸法时也需要注意几点。一是要根据设备的材质、结构特点选择合适的触摸部位。一般来说，应选择设备的关键部件、连接处等容易出现故障的区域，避免触摸带电、高温、锋利等危险部位。二是要掌握正确的触摸手法。检修人员应该用手掌或手指轻柔地接触设备表面，感受其温度、振动等特征，而不是用力按压或敲击，以免损坏设备或引入干扰。三是要注意触摸时的安全防护。对于带电设备，检修人员必须严格遵守安全操作规程，佩戴绝缘手套等防护用具；对于高温设备，要适当控制触摸时间，必要时可借助温度传感器等工具辅助检测。

触摸法可以与其他诊断方法结合使用，以提高诊断的准确性和可靠性。例如，检修人员可以通过触摸车轮踏面，判断车轮是否存在异常磨耗、伤损等问题；通过触摸钩缓装置，判断其是否有松动、断裂等情况；通过触摸牵引电机表面，判断其温升是否异常等。这些应用都需要检修人员具备丰富的实践经验和专业知识，能够灵活运用触摸法，准确把握设备的状态特征。

五、仪表检测法

(一) 非电学量仪表检测

非电学量仪表主要用于检测轨道车辆的力学参数，如速度、加速度、位移、力矩等，为判断车辆运行状态、发现潜在故障提供了重要依据。在实际应用中，非电学量仪表检测具有灵敏度高、适应性强、测量范围广等优点，能够满足轨道车辆动态监测的需求。

1. 速度检测

速度是判断轨道车辆运行状态的关键参数之一。轨道车辆的运行速度不仅影响乘客的舒适度和安全性，也与牵引系统、制动系统等部件的工作状态密切相关。速度传感器作为典型的非电学量仪表，可以实时监测车轮转速，进而换算出车辆运行速度。通过分析速度变化曲线，可以发现速度突变、速度波动等异常情况，为故障诊断提供线索。例如，当速度突然下降时，可能意味着牵引系统出现了故障；而速度频繁波动则可能预示着轮轨之间存在异常磨损或轨道几何不平顺。

2. 加速度检测

加速度作为速度变化率的度量，也是轨道车辆故障诊断的重要参考量。加速度传感器可以测量车辆在运行过程中的振动加速度，包括垂向加速度、横向加速度和纵向加速度。通过对不同方向加速度数据的综合分析，可以全面评估车辆的振动特性和运行平稳性。当某一方向的加速度值超出正常范围时，往往意味着悬挂系统、车轮等部件出现了故障或磨损。此外，加速度数据还可用于轨道几何状态的评估。当车辆通过轨道不平顺区段时，加速度传感器可以敏锐地捕捉到由此引起的车辆振动，为轨道养护部门及时发现和处置故障段提供依据。

3. 位移检测

位移传感器是检测轨道车辆关键部件相对位置变化的有效工具。车辆在运行过程中，由于振动、冲击等因素的影响，转向架、齿轮箱、电机等部件之间的相对位置可能发生改变，进而引发故障。位移传感器可以实时监测这些部件的相对位移量，当位移超出设定阈值时，即可判定存在异常情况。例如，通过测量转向架与车体之间的相对位移，可以发现转向架轴箱导向机构的磨损或破损；而测量电机轴与齿轮箱之间的相对位移，则有助于发现传动系统的安装误差或部件松动问题。

4. 力矩检测

力矩传感器在轨道车辆牵引系统和制动系统的故障诊断中有着广泛应用。牵引电机输出轴和制动盘的力矩变化，直接反映了牵引和制动力的大小。力矩传感器可以测量这些部件的实际力矩，并将其与标准值进行比较。当实际力矩与标准值出现较大偏差时，就意味着牵引或制动系统可能存在故障。例如，当牵引电机输出力矩低于标准值时，可能是电机本身出现了故障，也可能是受电弓、变流器等传动链上的其他部件发生了异常。当制动力矩不足时，则可能提示制动盘磨损严重或制动闸瓦与制动盘之间的间隙过大。及时发现和处理这些问题，对于确保列车安全至关重要。

5. 其他非电学量检测

除上述常见的非电学量仪表外，轨道车辆故障诊断领域还广泛采用振动传感器、噪声传感器等设备。这些仪表可以从振动、噪声等角度，捕捉车辆运行过程中的异常信号，为综合判断车辆健康状态提供更多维度的数据支撑。

随着传感技术的不断进步，以及人工智能、大数据分析等新技术在轨道交通领域的深入应用，非电学量仪表检测手段将更加智能化、集成化，为轨道车辆的安全运营保驾护航。

（二）电学量仪表检测

电学量仪表能够精确测量电压、电流、电阻等关键电学参数，为故障定位和排除提供可靠依据。与非电学量仪表相比，电学量仪表具有测量精度高、响应速度快、抗干扰能力强等优势，能够实时反映设备的运行状态，及时发现潜在故障征兆。

在轨道车辆牵引系统中，电学量仪表检测发挥着不可替代的作用。牵引电机是列车运行的动力源，其性能直接影响到车辆的牵引力和能耗水平。通过测量牵引电机的绕组电阻、绝缘电阻、电感等参数，可以评估其绝缘性能和匝间短路等故障风险。同时，对牵引变流器的输入输出电压、电流进行监测，能够判断 IGBT 模块、电容等关键器件的健康状态，预防功率元件击穿、电容老化等故障的发生。

在辅助供电系统中，蓄电池作为列车控制和照明系统的备用电源，其性能状况直接关系到列车能否安全运行。通过测量蓄电池的端电压、内阻、放电容量等指标，可以掌握其荷电状态和老化程度，及时更换性能衰退的电池，保证供电可靠性。对辅助变流器的输入输出参数进行检测，能够发现整流桥击穿、滤波电路故障等问题，避免辅助设备损坏和列车搁置。

在制动系统中，电制动能量的回馈和耗散情况影响着制动效果和电网品质。通过测量制动电阻的阻值和功率，可判断其是否在额定范围内工作，防止过热烧毁引起的制动失效。对再生制动逆变器的电压电流波形进行分析，可以发现谐波干扰、功率器件损坏等问题，提高再生制动能量的利用效率。

除了车载设备，轨道车辆供电系统的接触网、供电线路等基础设施也需要进行电学量仪表检测。通过测量接触网的导线电阻、支柱绝缘电阻等参数，能够掌握其导电和绝缘性能的变化趋势，及时处理接触网异物、绝缘子闪络等隐患，保障供电安全。通过对供电线路的电压电流进行监测，能够发现短路、接地等故障，合理调配供电能力，提高供电质量和效率。

电学量仪表检测贯穿于轨道车辆各个子系统和环节，通过精准测量关键电学参数，实时评估设备性能状态，及时发现和预警潜在故障，为列车安全、高效运行提供了重要保障。随着轨道交通的快速发展和技术进步，电学量仪表检测手段也在不断创新和完善，向着智能化、网络化、一体化的方向发展。深入研究电学量仪表检测技术，建立完善的状态监测和故障诊断体系，对于提升轨道车辆运维水平、保障行车安全、降低全寿命周期成本具有重要意义。

（三）综合仪表检测

综合仪表检测通过集成多种测量仪器和传感器，实现对车辆状态的全面监测和评估。与传统的单一仪表检测相比，综合仪表检测具有信息量大、实时性强、诊断精度高等优势，能够为车辆故障诊断提供更加全面可靠的数据支持。

从技术原理上看，综合仪表检测主要包括数据采集、信号处理、故障诊断三个环节。在数据采集阶段，通过布置在车辆各个部位的传感器实时采集速度、加速度、温度、压力等各类物理量信息。然后，这些海量数据经过滤波、放大、A/D转换等一系列信号处理，转化为可以被计算机识别和分析的数字信号。在此基础上，故障诊断模型通过智能算法对这些数据进行挖掘和分析，识别出车辆的潜在故障，并给出诊断结果和维修建议。

综合仪表检测的一大特点是能够实现车辆状态的可视化监控。通过人机交互界面，检修人员可以直观地观察到车辆各项参数的变化趋势和异常情况。例如，传动系统振动频谱图能够清晰地反映出齿轮箱、轴承等部件的振动特性，便于及时发现磨损、疲劳等早期故障征兆。又如，牵引电机温度曲线可以揭示电机绝缘老化、过热等潜在问题，为制定预防性维修策略提供依据。这种可视化的信息呈现大大提高了故障诊断的直观性和可理解性，减轻了检修人员的工作负担。

除了实时监测功能外，综合仪表检测还具有故障预测和健康管理的功能。通过分析车辆长期运行数据，建立正常工况下的标准参数模型，就能够实现对车辆健康状态的评估和预测。一旦监测数据出现偏离正常值的趋势，系统就会自动预警，提示可能出现的故障类型和危险等级。这种前瞻性的故障预测能够最大限度地减少故障发生概率，降低运营风险，提高车辆的安全性和可靠性。

当前，综合仪表检测技术已经在高速列车、地铁等轨道交通领域得到了广泛应用，取得了显著的效果。以高速列车为例，综合检测系统能够同时监测车轮踏面、制动盘、弓网系统等数十个部件的状态，轻松实现列车整车的故障诊断。一旦发现问题隐患，系统会第一时间向车载乘务人员和地面调度中心报警，及时采取限速、停车检修等应对措施，最大限度地保障行车安全。

未来，随着物联网、大数据、人工智能等新技术的飞速发展，综合仪表检测必将迎来更加广阔的应用前景。一方面，海量的车辆运行数据将为故障诊断模型的优化和完善提供更加丰富的训练样本，不断提升诊断算法的智能化水平。另一方面，数据挖掘技术的进步也将从宏观层面揭示轨道车辆故障的内在规律和演化机理，为制定科学的检修维护策略提供理论支撑。此外，诊断装置和测量仪器的集成化、小型化发展，也将极大促进综合仪表检测系统的工程化应用，最终实现轨道车辆状态监测、故障诊断、安全预警的全流程智能化。

六、专家系统诊断

（一）基于规则的专家系统诊断

相较于传统的统计学方法和仪表检测法，基于规则的专家系统能够更加全面、系统地分析车辆故障产生的原因，为检修人员提供智能化的决策支持。

基于规则的专家系统诊断的核心在于知识库的构建。通过系统梳理轨道车辆故障诊断领域的专家知识和实践经验，将其转化为一系列 IF - THEN 形式的规则，形成完备的故障诊断知识库。这些规则涵盖了轨道车辆各个子系统和部件的常见故障模式、故障特征、诊断策略等，体现了专家对复杂故障的理解和处理思路。知识库的质量直接决定了专家系统诊断的准确性和可靠性。

在实际诊断过程中，基于规则的专家系统通过推理机制，将收集到的车辆状态信息与知识库中的规则进行匹配，自动推导出故障原因和维修方案。这一过程可以分为以下几个关键步骤：首先，专家系统通过各类传感器采集轨道车辆的实时运行数据，如速度、加速度、温度、振动等；然后，将获取的数据输入到推理机中，推理机根据数据的异常情况，在知识库中搜索与之匹配的规则；接着，推理机运用规则的条件部分对故障特征进行分析，并根据结论部分给出故障原因的判断；最后，专家系统输出诊断结果，并根据知识库中的维修策略，为检修人员提供相应的决策建议。整个诊断推理过程具有很强的逻辑性和可解释性，便于使用者理解和接受诊断结论。

基于规则的专家系统诊断具有诸多优势。首先，它能够模拟人类专家的思维方式，利用形式化的知识表示和推理技术，实现故障诊断的智能化。其次，专家系统可以存储和管理大量结构化的诊断知识，弥补了人工诊断的经验局限性，提高了诊断的全面性和一致性。再者，基于规则的推理过程清晰透明，诊断结果可以追溯和解释，有助于检修人员分析问题、积累经验。此外，专家系统还具有即时响应、不知疲倦等特点，可以为轨道车辆故障诊断提供 24 小时不间断的智能服务。

（二）基于案例的专家系统诊断

与基于规则的专家系统相比，基于案例的专家系统能够更好地处理复杂、非结构化的故障诊断问题。这种诊断方法充分利用了历史故障案例蕴含的丰富经验和知识，通过案例推理和案例匹配等技术，实现了高效、准确的故障诊断。

基于案例的专家系统诊断的核心是案例库的构建。案例库中存储了大量的历史故障案例，每个案例都包含了故障现象描述、故障原因分析、诊断和维修方案等关键信息。这些案例经过系统的收集、筛选和整理，形成了一个覆盖面广、内容丰富的知识库。在诊断过程中，系统通过对输入的故障现象进行分析，从案例库中检索出与之相似度最高的案例，并根据案例的诊断和维修方案，给出针对当前故障的解决方案。

与基于规则的专家系统相比，基于案例的专家系统诊断具有明显的优势。首先，它能够处理复杂、非结构化的故障问题。在实际工程中，轨道车辆故障的表现形式多种多样，影响因素错综复杂，很难用简单的规则来描述。而案例库中的历史故障案例，正是对这种复杂性的真实反映。其次，基于案例的诊断方法具有很强的柔性和适应性。随着新的故障案例不断被录入案例库，系统的诊断能力也在不断增强。即使遇到新故障，系统也可以通过案例匹配和推理，给出合理的诊断方案。此外，案例库中的知识来源于工程实践，具有很强的可解释性。诊断结果不是简单的"是"或"否"，而是附有详细的案例说明和推理过程，便于检修人员理解和接受。

第二节 轨道车辆故障诊断的常用技术

一、传感器技术在轨道车辆故障诊断中的应用

（一）压电式传感器在轨道车辆故障诊断中的应用

压电式传感器是一种基于压电效应的传感器，其独特的工作原理和优异的性能特点使其在轨道车辆故障诊断中得到了广泛应用。压电效应是指某些晶体材料在受到外力作用时，其内部正负电荷中心发生相对位移，从而在材料表面产生电荷，形成电信号输出；反之，当对这些材料施加电场时，也会产生机械形变。压电式传感器正是利用了压电材料的这一特性，通过检测振动、冲击等机械量的变化，将其转换为电信号，实现对轨道车辆状态的监测。

在轨道车辆故障诊断中，压电式传感器通常被用于采集车轮-轨道系统、转向架、牵引系统、制动系统等关键部件的振动信号。这些部件在运行过程中不可避免地会产生机械振动，而不同故障模式下的振动特征也各不相同。通过对振动信号的采集和分析，可以实现对轨道车辆故障的早期预警和准确定位。例如，车轮踏面剥离、轮缘磨耗、轮轴故障等问题都会引起车轮振动特性的改变；转向架构架裂纹、减震器失效、轴箱轴承损伤等故障则会表现为转向架振动的异常；牵引电机绝缘老化、传动齿轮磨损等故障也能通过振动监测及时发现。压电式传感器凭借其灵敏度高、频响宽、动态范围大等优点，能够完整地记录这些微小的振动变化，为后续的信号处理和故障诊断提供充足的数据支持。

压电式传感器在轨道车辆故障诊断中的应用主要包括以下几个方面：一是状态监测，通过在车辆或线路关键部位布置传感器，实时采集振动信号，监控车辆运行状态，及时发现潜在故障隐患；二是故障定位，利用传感器阵列获取车辆不同部位的振动数据，综合多传感信息，实现故障部位的精确定位；三是

故障识别，在海量监测数据的基础上，运用信号处理和模式识别技术，提取振动信号的故障特征，构建故障诊断模型，实现对常见故障模式的自动识别；四是故障预测，通过对振动数据进行趋势分析和统计建模，预测关键部件的剩余寿命，制定科学的检修计划，避免故障的发生。这些应用环节相互关联、递进，构成了一套完整的状态监测与故障诊断体系，为保障轨道车辆的安全运行提供了重要的技术支撑。

在实际应用中，压电式传感器的安装位置、数量、采样频率等参数的选择需要根据具体监测对象和诊断需求来确定。例如，对于车轮踏面的振动监测，传感器通常安装在轴箱附近，采样频率一般不低于 2 kHz；而对于牵引电机的振动监测，传感器则多布置在电机端盖或机壳上，采样频率可适当降低。此外，由于轨道车辆运行环境恶劣，传感器还需要具备高可靠性、耐高低温、抗电磁干扰等特性，这对压电材料和封装工艺提出了更高要求。近年来，随着新型压电材料的开发和微机电系统（MEMS）工艺的进步，压电式传感器的性能和适用性不断提升，在轨道车辆故障诊断领域的应用也更加广泛和深入。

压电式传感器技术与现代信号处理和智能诊断算法的结合，极大地提高了轨道车辆故障诊断的效率和准确性，减少了人工巡检的工作量，降低了运营维护成本。但同时也应看到，轨道车辆系统的复杂性和故障模式的多样性，决定了单一的诊断技术很难完全满足实际需求。因此，需要综合运用振动、声学、热成像等多源异构监测数据，建立多层次、多维度的综合诊断体系。此外，海量监测数据的存储、传输和处理也对信息基础设施提出了新的挑战。需要借助先进的云计算和大数据技术，构建高效、可扩展的数据管理和分析平台，以实现数据的高效处理和深度挖掘，进一步提升轨道车辆故障诊断的智能化水平。

（二）加速度传感器在轨道车辆故障诊断中的应用

加速度传感器通过测量车体的振动加速度信号，可以准确反映车辆的动态性能，及时发现潜在的机械故障。相较于其他诊断技术，加速度传感器具有灵敏度高、响应速度快、适用范围广等优势，能够实现车辆状态的实时监测和早期预警。

加速度传感器在轨道车辆故障诊断中的应用主要体现在以下几个方面。首先，通过布置在车体关键部位的加速度传感器，可以采集车辆在运行过程中的垂向、横向和纵向振动加速度信号。这些信号蕴含着丰富的故障特征信息，如轮对不圆度、转向架构架裂纹、齿轮磨损等。通过对信号的分析处理，可以准确定位故障类型和严重程度。其次，基于加速度传感器获取的振动数据，可以构建车辆的动力学模型，开展仿真分析和状态预测。通过与标准模型的对比，能够及时发现车辆参数的异常变化，为故障诊断提供数据支持。再次，加速度传感器还可用于转向架、牵引电机等关键部件的状态监测。布置在这些部件上的传感器能够敏锐地捕捉到微小的振动异常，为精准诊断和定位局部故障创造条件。

在加速度传感器的实际应用中，传感器的选型和布置至关重要。常用的加速度传感器主要有压电式、电容式和 MEMS 等类型，不同类型的传感器在灵敏度、频响范围、工作环境适应性等方面各有特点。压电式传感器灵敏度高、频响宽，适合测量冲击振动；电容式传感器体积小、功耗低，易于集成；MEMS 传感器性能稳定、成本低，适合大规模布置。在选择传感器时，需要综合考虑轨道车辆的振动特性、故障模式、环境条件等因素，选用性能匹配、可靠性高的传感器。同时，传感器的布置位置也需要根据检测目的和故障机理进行优化设计。通常，传感器布置在轮对、齿轮箱、牵引电机、悬挂系统等振动较为显著的部位，以提高信号的采集质量和故障诊断的灵敏度。

采集到的加速度信号需要进行预处理和特征提取，以挖掘出与故障相关的敏感特征。常用的信号处理方法包括滤波、频谱分析、小波变换等。通过滤波，可以去除信号中的噪声干扰，提高信号的纯净度；频谱分析可以揭示信号的频域特性，识别出故障特征频率；小波变换能够实现信号的时频域分析，捕捉瞬态冲击特征。在特征提取阶段，需要根据轨道车辆的故障机理和先验知识，选取能够反映故障状态的敏感特征，如特征频率、幅值、峭度等。这些特征可以作为故障诊断和评估的依据。

基于加速度传感器的轨道车辆故障诊断方法主要包括基于信号处理的方法和基于数据驱动的方法两大类。基于信号处理的方法利用信号的时域、频域、时频域特性，结合故障机理和诊断经验，建立故障诊断规则或阈值，实现对故障的定性或定量诊断。常见的方法有频谱分析法、阶次分析法、包络解调法等。这类方法物理意义明确，诊断结果可解释性强，但对先验知识的依赖性较大，泛化能力有限。基于数据驱动的方法利用大量的历史振动数据，通过机器学习算法建立故障诊断模型，实现对未知故障的智能识别和分类。常用的算法有支持向量机、随机森林、卷积神经网络等。这类方法可以自动挖掘数据中蕴含的故障特征，具有较强的学习和泛化能力，但模型的可解释性较差，需要大量的标记数据进行训练。

加速度传感器在轨道车辆故障诊断中已经得到了广泛应用，取得了显著成效。国内外学者开展了大量的理论和实验研究，发展了一系列成熟的诊断方法和系统。例如，中国学者提出的基于经验模态分解和支持向量机的轴承故障诊断方法，通过自适应分解振动信号，提取能量熵特征，再利用支持向量机实现故障分类，诊断准确率达到95％以上。又如，国外学者在开发的轨道车辆轮对故障在线监测系统中布置了多个加速度传感器，对轮对振动进行采集，通过阶次分析和包络解调提取故障特征频率，再利用专家系统进行故障识别和严重程度评估，实现了对轮对擦伤、剥离等典型故障的有效诊断。这些研究成果为轨道车辆的安全运营提供了可靠的技术支撑。

当前，轨道车辆故障诊断技术正向着智能化、网络化、预测性的方向发展。一方面，先进的人工智能算法，如深度学习、迁移学习等，正在不断拓展加速度传感器的应用范围和诊断性能。通过海量数据的学习，智能诊断模型能够自动挖掘出新的故障模式，适应不同工况下的诊断需求。另一方面，随着物联网技术的发展，分布式的加速度传感器网络正在逐步构建，实现了轨道车辆振动数据的远程采集、融合与分析，为构建车辆健康管理平台奠定了数据基础。此外，基于加速度数据的剩余寿命预测和故障预警技术也受到越来越多的关注。通过对振动退化趋势的建模，可以实现车辆关键部件的寿命预估和维修决策优化，从"亡羊补牢"转变为"未雨绸缪"，提高运维的主动性和经济性。

（三）光纤传感器在轨道车辆故障诊断中的应用

相较于传统的电气式传感器，光纤传感器具有抗电磁干扰能力强、质量小、体积小、灵敏度高等优点，能够适应轨道车辆复杂恶劣的工作环境。光纤传感器主要利用光纤的光学特性实现对轨道车辆的振动、应变、温度等物理量的高精度测量，从而判断车辆部件的健康状态。

在轨道车辆轮对故障诊断中，光纤传感器发挥着重要作用。轮对作为轨道车辆的关键部件，其状态直接影响车辆的运行安全和稳定性。利用布拉格光纤光栅传感器可以实时监测轮对的应力分布情况。当轮对出现裂纹、磨耗等缺陷时，其应力分布将发生明显变化，通过分析光纤光栅反射光谱的漂移量，即可准确判断轮对的故障类型和严重程度。与传统的超声波检测等方法相比，光纤传感器可实现轮对全寿命周期的在线监测，大大提高了故障诊断的及时性和可靠性。

光纤传感器在轨道车辆转向架故障诊断中同样有着广阔的应用前景。转向架是连接车体和轮对的重要部件,其性能对车辆的平稳性、曲线通过性能有着决定性影响。通过在转向架关键部位布设光纤传感器阵列,可以全面采集转向架的振动信号。结合先进的信号处理算法,如小波分析、经验模态分解等,能够有效提取故障特征,识别转向架的故障模式。光纤传感器非接触式的测量方式避免了传统加速度传感器的安装难题,且布设灵活、扩展性强,为转向架状态监测提供了新的解决方案。

轨道车辆牵引系统对供电的电压、电流质量要求极高,因此牵引电机和牵引变流器的故障诊断至关重要。应用光纤电流传感器对牵引电机和牵引变压器的相电流进行测量,能够获得高带宽、低噪声的电流信号。通过智能分析牵引电流的波形畸变情况,可诊断出电机绕组匝间短路、转子断条等内部故障。光纤电压传感器运用磁光法拉第效应,将高压信号调制为光信号进行传输,彻底解决了电气隔离问题,且测量精度高、频带宽,可灵敏捕捉牵引系统的瞬态电压波动,为进一步定位故障原因提供依据。

此外,光纤传感器还可用于轨道车辆制动系统、供电系统等关键部件的状态监测。光纤温度传感器能够测量制动盘、制动电阻等部件的温升情况,及时发现制动性能恶化隐患。光纤振动传感器可对供电弓网的实时受力进行监测,掌握网压状态,预警异常断网风险。总之,光纤传感技术凭借其固有的优势,在轨道车辆故障诊断领域展现出广阔的应用前景。

光纤传感器以其优异的性能和灵活的布设方式,为轨道车辆故障诊断提供了切实可行的解决方案。随着传感器制造工艺的日益成熟和信号处理算法的不断创新,光纤传感器势必在轨道车辆在线监测和故障诊断中发挥出更大的作用,为轨道交通的安全、高效、智能化运营保驾护航。开发针对性强、可靠性高的轨道车辆光纤传感诊断系统,推动其工程化应用,是今后相关研究工作的重点方向,也是确保轨道交通可持续发展的必然要求。

二、声发射技术在轨道车辆故障诊断中的应用

(一) 声发射信号的采集与处理

声发射技术利用材料或结构在应力作用下产生的弹性波信号,通过传感器接收并分析这些弹性波信号,实现对车辆结构健康状态的实时监测和评估。为了有效利用声发射技术进行故障诊断,信号的采集与处理至关重要。

声发射信号的采集是诊断过程的基础环节。首先需要根据被测对象的材料特性、结构形式及可能出现的故障类型，选择合适的声发射传感器。传感器的布置位置和数量也需要经过精心设计，以确保能够全面、准确地捕捉到声发射信号。同时，为了降低环境噪声的干扰，提高信号质量，采集系统还应具备良好的抗干扰能力和信号放大功能。

获取声发射信号后，需要对其进行一系列处理和分析。常用的处理方法包括滤波、放大、特征提取等。通过滤波可以去除信号中的高频噪声干扰，提高信号的信噪比；放大则可以将微弱的声发射信号放大到合适的幅度范围，便于后续分析。特征提取是声发射信号处理的关键，其目的是从原始信号中提取出能够反映材料或结构损伤状态的特征参量，如信号幅值、持续时间、能量、频率等。不同的故障类型往往对应着不同的特征参量变化规律，通过分析这些参量，可以实现故障的定性判别和定量评估。

通过建立声发射信号与故障类型之间的映射关系，并采用人工神经网络、支持向量机等智能算法进行训练，可以实现对未知信号的自动分类和识别。这种基于大数据和机器学习的诊断方法，大大提高了故障诊断的智能化水平和实时性，为轨道车辆的状态监测和预测性维护提供了有力支持。

（二）声发射定位技术

声发射定位技术的基本原理是利用声发射传感器捕捉车辆运行过程中产生的弹性波，通过分析声发射信号的到达时间差，实现对故障位置的精确定位。与传统的振动分析、红外热成像等方法相比，声发射定位技术具有更高的灵敏度和定位精度，能够及早发现材料内部的微观损伤和裂纹产生，为故障的预警和维修提供重要依据。

声发射定位的关键在于构建合理的定位算法模型。目前，常用的定位算法包括三角定位法、双曲线定位法和极大似然估计法等。三角定位法利用三个或更多传感器接收到声发射信号的时间差，通过几何关系求解声源坐标；双曲线定位法则利用两两传感器间的时差确定一组双曲线，多组双曲线的交点即为声源位置；而极大似然估计法通过构建似然函数，使用优化算法寻找似然函数的极大值点，从而估计声源坐标。这些算法各有优劣，需要根据实际工程条件和精度要求进行选择和优化。

在轨道车辆故障诊断中，声发射定位技术主要应用于车轮、轴承、牵引电机等关键部件的健康监测。例如，利用声发射传感器阵列对车轮踏面和轮缘的擦伤、剥离等缺陷进行定位，可以掌握车轮磨耗的部位和程度；在轴承故障诊断中，声发射定位技术能够区分内圈、外圈和滚动体的损伤，为故障类型判断提供依据；针对牵引电机监测，声发射信号可以反映绕组、铁芯等部位的老化和退化情况，及时发现潜在的故障隐患。这些应用有效提升了轨道车辆关键部件的可靠性和安全性，降低了运营成本。

随着传感器技术的不断进步和信号处理算法的创新，声发射技术在轨道车辆故障诊断中的应用将更加广泛和深入。开发高精度、高可靠性的声发射传感器和定位算法，构建智能化的故障诊断系统，是未来相关研究的重点方向，也是确保轨道交通安全、高效运营的重要保障。

（三）声发射参数分析方法

声发射参数分析是基于声发射信号的时域、频域、时频域等特征参数，对轨道车辆关键部件的健康状态进行评估和故障诊断的重要方法。通过提取声发射信号的特征参数，如能量、幅值、持续时间、上升时间等时域参数，主频、频带宽度等频域参数，以及小波系数、奇异值等时频域参数，可以全面刻画声发射信号的形态特征，揭示材料或结构的损伤演化规律。

在轨道车辆故障诊断中，常用的声发射参数包括能量、幅值、持续时间、上升时间、计数、频率等。这些参数的物理意义和作用如下：能量反映了声发射事件的强度，与裂纹尺寸、扩展速率密切相关；幅值表征了声发射信号的最大振幅，是评价缺陷严重程度的重要指标；持续时间表示声发射信号的时间跨度，上升时间反映了信号达到峰值的速度，二者与裂纹扩展的动力学特性有关；计数表示了信号穿过阈值的次数；频率反映了裂纹扩展的快慢。通过对这些参数的分析，可以实现轨道车辆典型缺陷的定性识别和定量表征。

在实际应用中，声发射参数分析方法的关键在于特征参数的优选和融合。由于轨道车辆服役环境恶劣、噪声干扰较大，单一特征参数往往难以准确反映部件的健康状态，因此，需要综合考虑多个特征参数，构建合理的诊断模型。一种有效的策略是利用智能算法，如支持向量机、神经网络等，对多个声发射参数进行融合，提取高层次的抽象特征，增强诊断模型的泛化能力和健壮性。同时，可以引入专家经验知识，对诊断结果进行修正和解释，提高分析结果的可信度。

此外，声发射参数分析还要与轨道车辆部件的失效机理和演化规律相结合。不同失效模式下，声发射信号的特征模式也有所差异。例如，疲劳裂纹扩展过程中，声发射事件常呈现出持续时间长、能量大、幅值高的特点，而磨损、蠕变等损伤模式则可能表现为持续时间短、能量小、幅值低的特征。深入研究轨道车辆关键部件的失效机理，有助于建立声发射参数与损伤状态之间的对应关系，指导诊断策略的优化。

声发射参数分析方法具有实时性、灵敏度高、适用范围广等优点，在轨道车辆故障诊断领域具有广阔的应用前景。通过合理选择特征参数，优化诊断模型，并与失效机理相结合，可以显著提升轨道车辆关键部件的在线监测和故障预警能力，为轨道交通的安全、可靠运行提供有力保障。未来，随着传感器技术、信号处理技术的进步，以及人工智能等新技术的引入，声发射参数分析方法必将得到进一步发展和完善，为轨道车辆故障诊断注入新的活力。

三、红外热成像技术在轨道车辆故障诊断中的应用

(一) 红外热成像技术原理

红外热成像技术是一种非接触式、非破坏性的检测方法，其基本原理是利用物体表面辐射的红外能量与其温度之间的关系，通过红外热像仪接收并转换成可视化的热图像，从而实现对物体表面温度分布的实时测量和分析。在轨道车辆故障诊断中，红外热成像技术凭借其独特的优势，得到了越来越广泛的应用。

从物理学角度来看，任何温度高于绝对零度的物体都会向外辐射红外能量。根据斯忒藩-玻耳兹曼定律，物体辐射的总能量与其热力学温度的四次方成正比。因此，通过测量物体表面的红外辐射强度，就可以推算出其表面温度。红外热像仪正是利用这一原理，通过红外探测器接收物体表面辐射的红外能量，并将其转换为电信号，最终生成反映表面温度分布的热图像。

在轨道车辆故障诊断中，红外热成像技术的应用主要基于以下两点考虑。其一，关键部件的热监测。轨道车辆的许多部件在运行过程中会产生大量的热量，如制动系统、牵引电机、轴承等。这些部件的异常升温往往预示着潜在的故障或性能退化。通过对这些部件进行红外热成像检测，可以及时发现温度异常，为故障诊断提供重要线索。其二，非接触式检测。与传统的接触式温度测量方法相比，红外热成像技术具有非接触式测量、高分辨率、实时成像等优点。它无须与被测对象直接接触，避免了对设备运行的干扰；能够快速扫描整个表

面，获得完整的温度分布图；可以实时显示热图像，便于动态监测和比较。这些特点使其特别适用于轨道车辆这种大型、高速运动的设备。

具体来说，轨道车辆的红外热成像检测通常采用便携式红外热像仪，在车辆停止或低速运行时对其关键部件进行扫描成像。根据部件的结构特点和典型故障模式，检修人员会重点关注一些热点区域，如制动盘、制动片、齿轮箱、电机、轴承座等。通过分析这些区域的温度分布特征，并结合部件的材料属性、工作原理等背景知识，检修人员可以初步判断是否存在异常，并推断可能的故障原因。例如，若制动盘出现局部高温区，可能意味着制动片与制动盘的接触不均匀，存在偏磨问题；若齿轮箱的温度梯度异常，可能提示内部齿轮啮合不良或润滑不足；若电机表面温度分布不均匀，可能说明绕组、轴承等内部元件存在损伤。这些温度异常信息为后续的故障诊断和维修决策提供了重要依据。

（二）红外热成像故障诊断流程

在轨道车辆红外诊断中，首先需要选择合适的红外热像仪。不同类型、不同性能的热像仪适用于不同的检测对象和环境。例如，便携式红外热像仪灵活方便，适合现场检测；而高分辨率热像仪则能提供更为精细的温度分布图像，便于深入分析。在实际应用中，应根据检测需求、现场条件等因素，合理选用热像仪设备。

轨道车辆的红外热像采集是诊断过程的关键环节。为了获得准确、有效的诊断数据，需要科学设置采集参数，优化采集方案。这包括合理选择测温距离、测温角度，控制环境干扰，校准测温精度等。同时，红外热像的采集应覆盖轨道车辆的关键部件，如牵引电机、齿轮箱、制动系统等，以全面掌握车辆的热工状态。

在获得轨道车辆的红外热像数据后，需要进行图像预处理和特征提取。预处理可消除图像噪声，增强图像质量；特征提取则从图像中分离出反映目标状态的关键信息，如温度梯度、热点区域等。常用的图像处理方法有平滑滤波、锐化增强、阈值分割等。这些方法能够有效改善热像质量，突出故障特征，为后续诊断分析提供可靠依据。

基于红外热像数据和故障特征，可构建轨道车辆典型故障的诊断模型。诊断模型通过机器学习、深度学习等算法，建立起车辆热像特征与故障模式之间的映射关系。常见的故障诊断模型包括支持向量机、卷积神经网络、长短时记忆网络等。通过海量故障样本的学习和训练，诊断模型能够自动识别轨道车辆的故障模式，实现快速、准确的故障诊断。

四、超声波检测技术在轨道车辆故障诊断中的应用

（一）超声波探头选择与布置

超声波探头作为超声无损检测系统的核心部件，其性能直接影响检测结果的准确性和可靠性。因此，根据检测对象的材质、几何形状、缺陷类型等特点，科学选择超声波探头的类型、频率、晶片尺寸等参数至关重要。

对于复杂的结构件，如车轮、轴、齿轮等，常采用斜探头或聚焦探头进行检测。斜探头能够在工件表面引入横波，探测表面以下一定深度范围内的缺陷，适用于检测近表面区和焊缝根部缺陷。聚焦探头具有较高的灵敏度和分辨率，能够精确定位微小缺陷，适用于检测薄壁件或几何形状复杂的工件。在频率选择上，要权衡探头的穿透能力和缺陷分辨能力。一般来说，频率越高，缺陷分辨能力越强，但穿透深度越小。因此，应根据工件厚度、材质衰减特性等因素，选择合适的探头频率，既要保证足够的穿透深度，又要获得理想的缺陷分辨能力。

合理布置超声波探头是提高检测效率、实现全面覆盖的重要保证。探头布置应根据工件的几何形状、缺陷分布规律等特点，采用科学的扫查方式和扫查轨迹。对于轮轨系统关键部件，如车轮踏面、轮缘等，应采用多探头阵列布置，实现对整个踏面区域的自动化扫查，提高检测效率。对于几何形状不规则的工件，如齿轮、轴瓦等，可采用柔性探头阵列或机器人辅助扫查，实现对复杂曲面的自适应检测。同时，探头布置还要考虑超声波在工件中的传播路径，尽量避免声束在工件中的反射、折射等干扰，获得高质量的检测信号。

此外，优化探头耦合也是保障超声检测质量的重要环节。良好的耦合能够有效传递超声波能量，减少声束在耦合剂-工件界面的损耗，提高信噪比。常见的耦合方式包括浸渍法、喷淋法、滚动耦合等。应根据工件表面状况、检测环境等因素，选择合适的耦合方式和耦合剂，既要保证耦合状态的稳定性，又要满足现场检测的便捷性。同时，要优化探头与工件表面的接触压力，既要使耦合剂形成均匀的薄层，又要避免过大压力导致探头磨损或工件损伤。

（二）超声波检测数据采集与处理

在轨道车辆故障诊断中，超声波信号通常具有高频率、宽频带、低幅值等

特点，对数据采集系统的性能提出了较高要求。为了确保采集到的数据能够真实反映被测对象的状态，必须合理选择超声波探头，优化探头布置方案，并采用高精度、高分辨率的数据采集卡。同时，针对不同类型的轨道车辆部件，要根据其材料特性、结构形式等因素，设定合适的超声波频率、脉冲宽度、采样率等参数，以获得信噪比高、分辨率高的检测数据。

数据采集只是超声波检测的第一步，要从海量的原始数据中提取有效信息，还需要运用先进的信号处理技术。常用的超声波信号处理方法包括滤波、去噪、特征提取、模式识别等。其中，滤波和去噪可以去除超声波信号中的高频干扰和随机噪声，提高信号的质量和可靠性。特征提取则是从时域、频域等不同角度，挖掘超声波信号的本质特征，为后续的故障诊断奠定基础。例如，可以提取超声波信号的幅值、相位、频率等特征参数，构建多维特征向量，再结合模式识别算法，实现轨道车辆部件的自动缺陷检测和故障分类。此外，小波变换、经验模态分解等时频分析方法也被广泛应用于超声波信号处理，它们能够揭示信号的时频域特性，捕捉瞬态故障特征。

随着人工智能技术的飞速发展，机器学习、深度学习等方法正在超声波检测数据处理中崭露头角。这些智能算法能够自动学习超声波信号的内在规律，挖掘隐藏在复杂数据中的故障特征，大大提高了数据处理的效率和准确性。例如，卷积神经网络可以直接从原始超声波信号中学习故障特征，避免了人工特征提取的局限性；支持向量机、随机森林等机器学习算法则可以高效地完成超声波数据的分类和预测任务。将人工智能技术与传统的信号处理方法相结合，有望进一步提升超声波检测技术在轨道车辆故障诊断中的应用水平。

（三）基于超声波检测的轨道车辆故障诊断方法

超声波检测具有无损、实时、灵敏度高等优点，能够有效识别车辆关键部件的微小缺陷，为故障的早期发现和预防提供重要依据。但如何根据检测对象的特点合理选择和布置探头，如何准确采集和处理超声信号，则是应用超声波检测技术进行轨道车辆故障诊断需要攻克的关键问题。

基于超声波检测的轨道车辆故障诊断方法主要包括阈值法、模式识别法和智能诊断法等。阈值法是一种传统的诊断方法，通过人工设定缺陷判据，将超声信号参数与之比较，以判断构件是否存在缺陷。这种方法操作简单，但容易受主观因素影响，诊断准确性有限。模式识别法则利用大量的缺陷样本数据，提取缺陷信号的特征模式，通过特征匹配实现自动诊断。该方法克服了人为因素的干扰，诊断客观可靠，但对样本数据的质量和数量要求较高。智能诊断法是近年来发展起来的一种方法，它综合运用模式识别、机器学习等技术，建立故障诊断的智能化模型，能够自适应地处理各种复杂的检测数据，具有诊断精度高、适应性强的优点。

当前，超声波检测技术在轨道车辆轴承、车轮、构架等关键部件的故障诊断中得到了成功应用，有力地保障了车辆运行安全。但在实际工程应用中，超声波检测还面临一些挑战和局限性，如表面粗糙、几何形状复杂构件的检测困难，高速、高频检测设备的缺乏，缺陷定量表征和寿命预估的难度较大等。未来，随着新型超声换能材料、相控阵技术、大数据分析等前沿科技的发展，超声波检测有望在轨道车辆故障诊断领域取得更大的突破。同时，超声波检测与振动分析、声发射等其他无损检测手段的融合应用，也将进一步提升轨道车辆故障诊断的智能化水平和可靠性，为轨道交通的安全高效运营提供更加有力的技术支撑。

第三节　轨道车辆故障诊断系统的设计与实现

一、轨道车辆故障诊断系统的架构设计

（一）系统总体架构设计

轨道车辆故障诊断系统能够有效整合各个功能模块，协调数据流动，最大限度地发挥系统的故障诊断能力。在设计过程中，需要充分考虑轨道车辆的特点、运营环境、维修需求等因素，构建起与之相适应的系统架构。

从宏观层面来看，轨道车辆故障诊断系统的总体架构通常采用分层式设计。这种设计将系统划分为感知层、网络层、平台层和应用层 4 个层次，每个层次承担不同的功能。感知层由各类传感器组成，负责采集车辆运行状态数据；网络层利用有线或无线通信技术，实现数据在不同节点间的可靠传输；平台层搭建数据处理与分析平台，对采集到的海量数据进行存储、清洗和挖掘；应用层则面向最终用户，提供人机交互界面和辅助决策支持。分层式架构的优势在于实现了功能的模块化和接口的标准化，增强了系统的可扩展性和可维护性。

在感知层的设计中，传感器的选型和布置至关重要。轨道车辆运行环境恶

劣，对传感器的环境适应性、测量精度、稳定性提出了很高要求。常用的传感器包括振动传感器、温度传感器、应变传感器等，分别用于监测车轮、轴承、牵引电机等关键部件的状态。传感器布置需要兼顾重点监测对象和安装便利性，既要覆盖故障高发部位，又要尽量减少对车辆正常运行的影响。同时，应设计合理的传感器冗余方案，提高系统的容错能力。

网络层的设计重点是通信协议和网络拓扑的选择。列车内部通常采用列车通信网络（TCN）标准，包括 WTB 和 MVB 两种现场总线。WTB 用于列车级数据传输，MVB 用于车辆级数据传输。两者协同工作，构成了列车控制系统的通信基础。基于 TCN 标准，可以灵活地组建星型、总线型等不同的网络拓扑，既保证了通信的实时性和可靠性，又降低了布线的复杂度。对于列车与地面之间的通信，则常用 GSM-R 或 LTE-R 等专用移动通信技术。

平台层是故障诊断系统的数据处理中枢，其设计的核心是数据库和诊断算法。轨道车辆每天产生海量的状态监测数据，对数据库的存储容量和查询效率提出了挑战。目前，分布式数据库和云存储技术在轨道交通领域得到越来越广泛的应用。借助这些技术，可以实现海量数据的高效存储和快速检索。在诊断算法方面，传统的基于模型和规则的方法难以应对日益复杂的轨道车辆系统。机器学习（特别是深度学习）算法展现出了强大的故障模式识别和状态预测能力，成为新的研究热点。然而，训练高质量的深度学习模型需要大量标注数据，如何在有限的故障样本下提高算法的泛化性能，仍是一个亟待攻克的难题。

应用层是故障诊断系统的直接呈现窗口，其设计的重点是可视化和人机交互。理想的故障诊断系统应该能够将诊断结果以直观、易懂的方式展现给检修人员，并提供交互式的诊断辅助功能。例如，系统可以自动生成故障报告，标明故障部件的位置、类型和严重程度；当报告不够明确时，检修人员可以通过图形界面查询车辆的历史工作状态，或请求系统给出进一步的分析建议。这种人机协同的诊断模式可以充分发挥人的经验知识和机器的计算能力，提高诊断的精确性和效率。

除了上述 4 个层次，轨道车辆故障诊断系统的总体架构设计还需统筹考虑安全性、可靠性、实时性等非功能属性。轨道交通是典型的安全攸关系统，容不得丝毫差池。因此，故障诊断系统必须严格遵循安全完整性等级（SIL）标准，在软硬件层面设置充分的冗余和保护。同时，故障诊断时效性直接关系到列车能否及时获得维修，减少非计划停运时间。这就要求系统能够在线实时处理监测数据，快速反馈诊断结果。此外，轨道车辆使用寿命动辄二三十年，故障诊断系统必须在整个生命周期内保持高可靠状态，这对系统软硬件的环境适应性、兼容性、可升级性提出了很高要求。

(二) 系统功能模块设计

轨道车辆故障诊断系统需要涵盖数据采集、数据预处理、特征提取、故障诊断、故障预测等多个环节，形成一个有机联系、协同工作的整体。

数据采集模块承担着获取轨道车辆运行状态数据的重任。它需要与车载传感器、数据记录仪等硬件设备紧密配合，实时采集车辆的速度、加速度、振动、温度等多源异构数据。同时，数据采集模块还应具备数据压缩、数据加密等功能，以提高数据传输效率，保障数据安全。考虑到轨道车辆的运行环境复杂多变，数据采集模块必须具有较强的环境适应性和抗干扰能力，确保数据采集的连续性和可靠性。

数据预处理模块在数据采集的基础上，对原始数据进行清洗、融合和转换，为后续的特征提取和故障诊断奠定基础。由于轨道车辆运行过程中不可避免地会出现数据缺失、数据异常等问题，数据预处理模块需要运用数据插值、数据平滑等技术对缺失和异常数据进行修复。此外，针对不同类型的传感器数据，数据预处理模块还需要进行数据同步、数据对齐等操作，使其在时间和空间上保持一致性。经过预处理的数据将为故障诊断提供更加准确和可靠的依据。

特征提取模块是连接数据预处理和故障诊断的纽带。它要从海量的轨道车辆状态数据中挖掘出与故障诊断密切相关的关键特征。常用的特征提取方法包括时域分析、频域分析、时频分析等。通过时域分析，可以获取轨道车辆振动、噪声等信号的统计特征，如峰值、均值、方差等；通过频域分析，可以揭示轨道车辆状态信号的频率特性，发现潜在的故障频率成分；通过时频分析，可以捕捉到状态信号在时域和频域的联合特征，更全面地反映轨道车辆的健康状况。特征提取模块应根据轨道车辆故障的机理和表现，选择最优的特征集合，为故障诊断模型的训练提供高质量的输入。

故障诊断模块是整个系统的核心，其任务是根据轨道车辆的实时状态数据和提取的故障特征，判断车辆当前是否出现故障，并给出故障类型和严重程度等诊断结果。故障诊断方法主要包括基于模型的方法和基于数据驱动的方法两大类。基于模型的诊断方法，如状态空间法、故障树法等，需要对轨道车辆系统建立准确的数学模型，通过实时数据与模型的匹配来实现故障诊断。而基于数据驱动的方法，如神经网络、支持向量机等，直接从历史故障数据中学习故障诊断的规律，不需要对系统进行建模。考虑到轨道车辆系统的复杂性和非线性，数据驱动的诊断方法通常更具优势。故障诊断模块应采用多种诊断方法相结合的策略，提高诊断的精度和可靠性。

故障预测模块是轨道车辆故障诊断系统的一项前瞻性功能。它基于车辆的历史运行数据和当前健康状态，预估车辆未来一段时间内发生故障的概率，并预警可能出现的故障类型和故障时间。常用的故障预测方法包括时间序列预测、机器学习预测等。通过对轨道车辆退化趋势的提前判断和预警，故障预测模块可以为运营单位提供更充裕的时间来制定运维策略，安排检修任务，从而最大限度地减少故障对运营的影响，提高轨道车辆的可用性和可靠性。

（三）系统数据流设计

轨道车辆故障诊断系统的数据流设计旨在明确系统内部各模块之间的数据传输和交互方式，为系统的高效运行提供保障。科学、合理的数据流设计能够提高故障诊断的准确性和实时性，减少数据冗余和传输延迟，从而增强系统的可靠性和可维护性。

数据采集到故障诊断，再到维修决策，数据在系统内部经历了一个复杂的流转过程。具体步骤如下。数据采集：各类传感器实时采集轨道车辆运行状态数据，如速度、加速度、温度、振动等。这些原始数据经过数据采集模块的预处理，如滤波、归一化等，转化为标准化的数字信号。数据传输：预处理后的信号通过总线或网络传输到数据融合模块。常用的总线标准包括CAN总线，具有多主控制、分布式管理、实时性强等优点，能够很好地满足故障诊断系统的需求。数据融合：数据融合模块将来自不同子系统（如制动系统、牵引系统）的数据进行综合分析，形成反映车辆整体状态的特征向量。特征向量是进行故障诊断的直接依据。故障诊断：故障诊断模块基于专家知识库和机器学习算法，对特征向量进行智能分析，识别潜在的故障模式，评估故障严重程度。诊断结果以故障码或自然语言的形式，通过人机交互界面呈现给维修人员，为其提供决策支持。反馈与控制：诊断结果也会反馈给车载控制系统，触发相应的故障处置措施，如限速、停车等，确保行车安全。

为了实现上述数据流转，系统内部需要构建一个高速、可靠的数据通信网络。控制器局域网总线（CAN）是轨道车辆领域广泛采用的一种总线标准，具有多主控制、分布式管理、实时性强等优点，能够很好地满足故障诊断系统的需求。在总线上，各个功能模块通过统一的通信协议交换数据，保证了数据传输的即时性和一致性。同时，系统还应设置冗余的数据通道，提高数据链路的可靠性，避免单点故障引起的数据丢失。

此外，数据流设计还需考虑数据安全问题。轨道车辆作为关乎公共安全的重要装备，其故障诊断系统必须具备较高的数据保密性和完整性。一方面，敏感数据在传输和存储过程中应进行加密处理，防止非授权访问和篡改；另一方面，应建立严格的身份认证和权限管理机制，明确各类用户的数据访问权限，避免数据泄露或误用。在系统的接口设计时，也应遵循"最小化原则"，即只向外部系统开放必要的数据接口，减少系统的攻击面。

轨道车辆故障诊断系统的数据流设计需要在满足功能需求的同时，兼顾实时性、可靠性、安全性等多方面因素。设计人员应深入分析系统的工作流程，厘清各模块间的数据依赖关系，选择合适的通信协议和架构模式，并运用加密、认证、冗余等技术手段，构建一个高效、稳定、安全的数据流系统。只有这样，才能真正发挥故障诊断系统的效能，为轨道车辆的安全运营提供有力保障。

（四）系统传感器选型与布置

传感器选型与布置是轨道车辆故障诊断系统设计的基础性工作，其科学性和合理性直接影响到诊断系统的性能和效果。在进行传感器选型时，需要综合考虑轨道车辆运行环境、故障模式、测量指标等多方面因素，以确保为故障诊断提供准确、可靠的数据支撑，进而提高系统的诊断精度和实时性。轨道车辆运行环境复杂，温度、湿度、振动等外界干扰因素众多，因此选用的传感器必须具备良好的环境适应性和抗干扰能力。同时，不同类型的故障对应着不同的测量指标，如轴承故障常采用振动传感器进行监测，而牵引电机故障则需要进行电流、电压等电气参数的测量。针对这些差异化需求，传感器的类型、量程、精度、频响等技术指标都需要进行针对性选择。

在布置传感器时，需要充分考虑轨道车辆的结构特点和故障发生的部位。传感器布置的位置应尽可能靠近故障源，以获取更加直接、准确的信号。例如，对于轮对故障诊断，传感器常布置在轴箱等轮对附近位置；而对于牵引系统故障诊断，传感器则布置在牵引电机、变流器等部件附近。同时，传感器布置还需要兼顾安装的便捷性和可靠性，避免因传感器脱落、损坏等造成信号中断或失真。在实际工程中，常采用冗余布置的方式，即在同一监测位置布置多个传感器，通过多传感器信息融合提高测量的可靠性。

此外，传感器选型与布置还需要与故障诊断算法相适应。不同的诊断算法对输入信号的类型、质量有着不同的要求。例如，基于信号处理的诊断方法需要较高的信号采样频率和信噪比，而基于数据驱动的诊断方法则对数据量和多样性提出了更高要求。因此，在进行传感器选型与布置时，需要充分考虑所采用的诊断算法，选择合适的传感器类型和布置方案，以满足算法模型训练和故障诊断的需求。

随着传感技术的不断发展，新型传感器在轨道车辆故障诊断领域得到了越来越广泛的应用。这些新型传感器具有体积小、质量小、功耗低、集成度高等优点，能够实现多参数、宽频带的测量，为故障诊断提供更加丰富和全面的数据支持。例如，MEMS 加速度传感器、光纤光栅传感器、声发射传感器等，都在轨道车辆轴承、齿轮、转向架等部件的故障诊断中得到了成功应用。未来，随着传感器技术的进一步发展，轨道车辆故障诊断系统有望实现传感器的无线化、智能化、网络化，极大地提升系统的适应性、灵活性和实时性。

传感器选型与布置是轨道车辆故障诊断系统设计的基础性工作，其科学性和合理性直接影响到诊断系统的性能和效果。在实际工程应用中，需要综合考虑轨道车辆运行工况、故障模式、诊断算法等多方面因素，选择合适的传感器类型，优化传感器布置方案。同时，要紧跟传感技术发展的前沿，积极引入新型传感器，不断提升轨道车辆故障诊断系统的智能化水平。只有在传感器选型与布置上下足功夫，才能为轨道车辆故障诊断奠定坚实的数据基础，进而提高系统诊断与预测的精度和可靠性，保障轨道车辆的安全、高效运行。

二、轨道车辆故障诊断系统的外部通信协议

外部通信协议规定了诊断系统与车辆其他子系统、地面设备之间的数据交换格式、传输方式和交互流程，直接影响着诊断系统的实时性、可靠性和互操作性。科学合理的外部通信协议能够保证故障信息的及时准确传递，为车辆状态监测和维修决策提供可靠依据。

目前，轨道车辆诊断系统普遍采用 CAN、MVB 等现场总线技术实现与车载设备的互联互通。这些总线技术具有通信速率高、抗干扰能力强、节点扩展方便等优点，能够满足轨道车辆运营环境下的苛刻要求。在此基础上，诊断系统还需要遵循统一的应用层通信协议，以实现不同厂商、不同型号设备之间的兼容互认。国际铁路联盟（UIC）发布的 TCN 标准，详细规定了列车总线、车辆总线、列车车辆间通信的要求，为诊断系统的互联互通提供了规范依据。

除了车载环境，诊断系统还需要与地面设备进行远程数据通信，实现故障信息的上传和诊断策略的下达。这就要求诊断系统具备可靠的无线通信能力，

常见的技术方案包括 Wi-Fi、4G/5G 蜂窝网络、卫星通信等。在通信协议方面，诊断系统可以借鉴工业互联网领域的成熟方案，如 MQTT、CoAP 等轻量级通信协议，既能保证通信的实时性和可靠性，又能降低对车载设备的资源消耗。

恶意攻击者可能利用通信协议的漏洞，窃取敏感数据或者篡改诊断结果，给轨道车辆运营带来严重风险。因此，在协议设计时必须考虑加密、认证、访问控制等安全机制，全面提升系统的网络安全防护能力。同时，应制定完善的安全管理制度和应急预案，及时发现和处置潜在的安全威胁。

此外，诊断系统的外部通信协议应具有一定的前瞻性和拓展性。随着轨道交通的快速发展，新型车辆、新型传感器、新型诊断算法不断涌现，通信协议必须能够适应这些变化，为系统的升级换代留有余地。一种可行的方案是采用基于文本的协议描述语言，如 JSON、XML 等，既能满足通用性要求，又能通过扩展字段支持新功能的加入。同时，模块化的软件架构也是必不可少的，各个功能模块之间松散耦合，可以独立升级和替换，从而提升系统的可维护性和可扩展性。

三、轨道车辆故障诊断系统的测试与验证

(一) 故障诊断系统测试方案设计

故障诊断系统测试方案的设计需要充分考虑诊断系统的特点和应用环境，遵循系统性、针对性和可操作性的原则。

1. 系统性

从系统性的角度来看，测试方案应覆盖诊断系统的各个层面和环节。一方面，需要对诊断系统的硬件组成进行全面测试，包括传感器、数据采集模块、诊断控制单元等关键部件的性能和稳定性。通过模拟各种工况条件，验证硬件能否准确采集和传输数据，诊断控制单元能否及时处理数据并做出正确判断。另一方面，测试方案还应涵盖诊断软件的各项功能，如故障信息的识别与分类、故障原因的推理与定位、维修方案的生成与优化等。通过设计典型故障场景，检验软件算法的有效性和健壮性。

2. 针对性

轨道车辆运行工况复杂多变，不同部件、不同故障类型对诊断系统的要求

各不相同。因此，测试方案应针对轨道车辆的具体特点，有的放矢地开展测试。例如，对于制动系统这类安全关键部件，测试方案应重点考察诊断系统在极端工况下的响应速度和诊断准确率；对于受环境因素影响较大的部件（如受电弓、轮轨等），测试方案需要模拟多种环境条件，验证诊断系统的适应性和稳定性。只有紧密结合轨道车辆的实际需求，测试方案才能真正发挥"对症下药"的效果。

3. 可操作性

再完美的方案，如果难以付诸实施，也将失去其意义。因此，在设计测试方案时，需要充分考虑各种资源条件的限制，如测试时间、测试场地、测试设备、人员配置等，提出切实可行的测试计划和步骤。同时，测试方案还应具有一定的灵活性和开放性，能够根据测试过程中的新情况、新问题进行动态调整和优化。只有做到"接地气"，测试方案的效用才能真正发挥出来。

除了系统性、针对性和可操作性外，测试方案的设计还应遵循以下基本原则。全面性：测试场景应覆盖正常工况、加速寿命试验、极限工况等多个维度，以全面验证诊断系统的性能边界；真实性：测试数据应真实可靠，避免人为干扰和随机误差；规范性：测试过程应规范有序，严格遵循预定的操作流程和标准；客观性：测试结果应客观公正，对诊断系统的优缺点进行全面评估。只有做到原则性和规范性相统一，才能确保测试方案的科学性和权威性。

（二）故障诊断系统功能验证

故障诊断系统的功能验证需要覆盖诊断系统的各个模块和功能点。首先，要对数据采集模块进行测试，确保其能够准确、实时地获取车辆运行状态数据，为后续诊断分析提供可靠的数据支撑。其次，要验证故障诊断算法的有效性和准确性，通过设计典型故障场景，评估算法对不同故障模式的识别和定位能力。再次，要检验诊断结果的可解释性和可操作性，确保系统输出的诊断报告能够为检修人员提供明确、具体的指导。此外，还需要测试人机交互界面的友好性和易用性，保证操作人员能够便捷、高效地使用该系统。

从测试方法来看，功能验证应采用黑盒测试与白盒测试相结合的方式。黑盒测试关注系统的输入输出关系，通过设计不同的测试用例，验证系统功能是否符合需求规格。白盒测试则关注系统内部逻辑和代码实现，通过覆盖率分析等手段，发现潜在的缺陷和漏洞。同时，应进行边界值测试、异常测试等专项测试，全面评估系统的健壮性和容错能力。

从测试过程来看，功能验证需要制定科学、严谨的测试方案和测试用例。测试方案应明确测试目标、测试范围、测试策略等关键要素，为测试活动提供指导和依据。测试用例则需要覆盖各种典型故障场景和极端工况，并对预期结果进行精确定义。在测试执行阶段，要严格按照测试方案和测试用例进行操作，并详细记录测试过程和结果。测试完成后，还需要对测试结果进行分析评估，识别系统存在的问题和不足，并提出针对性的改进措施。

从测试环境来看，功能验证应尽可能模拟实际运行环境。这不仅包括硬件环境，如传感器布置、数据采集设备等，还包括软件环境，如操作系统、数据库等。只有在接近真实场景的条件下进行测试，才能全面评估诊断系统的实际性能和适用性。同时，应考虑各种干扰因素对系统的影响，如电磁干扰、温湿度变化等，以验证系统的抗干扰能力和环境适应性。

（三）故障诊断系统性能评估

故障诊断系统性能评估能够帮助工程技术人员准确把握系统运行状态，及时发现并解决潜在问题，不断优化系统性能，最终为轨道车辆的安全运行提供有力保障。构建故障诊断系统性能评估体系，首先需要明确评估对象和评估目标。评估对象应涵盖故障诊断系统的各个组成部分，包括硬件设备、软件系统、数据处理、人机交互等。评估目标则应围绕系统的可靠性、实时性、准确性、可维护性等关键指标展开。只有全面考察系统各环节的运行状况，综合评判其是否达到预期目标，才能真正反映出系统的整体性能水平。

在明确评估对象和目标的基础上，还需要设计科学合理的评估指标体系。评估指标的选取应遵循全面性、独立性、可测性等原则。全面性要求指标能够从不同角度、不同层面反映系统性能；独立性要求各指标之间相对独立，避免重复度量；可测性要求指标易于量化和数据采集。以故障诊断准确率这一核心指标为例，可以进一步细分为故障检出率、误报率、漏报率等二级指标，多维度评判系统的诊断能力。同时，围绕这些指标，还需建立完善的测试用例库和试验方案，确保评估过程的规范性和可重复性。

数据采集与分析是故障诊断系统性能评估的关键环节。评估人员需要在系统运行过程中持续采集各项性能参数，如响应时间、资源占用、数据吞吐量等，用于支撑定量评估。针对故障诊断结果，还需要与实际故障情况进行比对，计算准确率、召回率等指标。对于复杂系统，海量的运行数据往往难以直接分析利用，需要借助大数据分析、机器学习等技术手段，挖掘数据背后隐藏的规律和趋势。通过数据的深度分析，不仅能够客观评判系统当前性能水平，更能够预测其未来的发展趋势，为系统优化提供决策支持。

故障诊断系统的性能评估不应该是一次性的行为，而应贯穿于系统的整个生命周期。在系统设计阶段，通过建模仿真、原型测试等方式，及早发现并纠正设计缺陷；在系统实施阶段，通过单元测试、集成测试、系统测试等环节，逐步验证系统功能和性能是否达标；在系统运维阶段，通过持续监测和定期评估，实时掌控系统的健康状态。只有将性能评估渗透到系统工程的每个阶段，形成闭环的质量管理机制，才能真正实现对系统性能的全生命周期管控。

高质量的故障诊断系统性能评估不仅能够保障系统的可靠运行，更能够促进系统功能和性能的持续改进。通过评估发现系统存在的不足和问题，分析其产生的根本原因，制定针对性的优化方案，能够有效提升系统的诊断效率和准确性。同时，评估过程中积累的数据和经验，也为系统算法和模型的改进提供了重要参考。工程技术人员应基于评估结果，不断总结和反思，优化系统架构，完善功能设计，持续提升系统的智能化和自适应能力。唯有如此，才能使故障诊断系统在动态变化的运行环境中保持旺盛的生命力，为轨道车辆的安全平稳运行提供坚实的技术支撑。

第四章　轨道车辆故障检修策略

第一节　轨道车辆故障检修流程

一、轨道车辆故障检修的准备工作

（一）检修设备的选择与配置

为了确保检修工作的顺利开展，必须根据车辆故障类型、检修任务要求，以及作业环境条件等因素，科学合理地选择和配置检修设备。

不同类型的轨道车辆在结构、性能、故障模式等方面存在显著差异。例如，地铁列车和有轨电车相比于普通铁路列车，其车体尺寸更小、转向架结构更为紧凑，这就要求检修设备具有更高的灵活性和适应性。又如，高速动车组的制动系统、牵引系统普遍采用了电子控制技术，其故障诊断与排查需要借助专用的电子测试仪器。因此，检修设备的选型必须紧密结合车辆自身特点，做到专业对口、精准匹配。

从检修任务的角度来看，轨道车辆的故障检修涵盖了日常维护、定期检修、专项整治等多个层次。不同检修任务对作业时间、精度要求、操作难度等存在较大差异。例如，针对客室设备的日常检查，主要依靠人工排查和登记，仅需要一般性的照明工具、称量工具等；而针对走行部的定期检修，则需要举升机、转向架拆装设备、轮径测量仪等专业化设备；对于牵引电机等核心部件的专项整修，还需引入大型拆解设备、校验平台等。可见，检修设备必须匹配具体检修任务的要求，既要保证作业质量，又要兼顾成本效益。

从作业环境的角度来看，轨道车辆检修面临多种复杂条件的挑战。例如，高寒地区冬季气温较低，检修设备需要具备优良的耐寒性能，确保低温环境下的正常工作；沙尘天气频发的地区，检修设备还需要具备良好的防尘、防潮性能；对于地下车辆段、高架车辆段等空间受限的场所，大型设备的布局和使用也会受到影响。因此，设备选型还需充分考虑作业现场环境，确保设备性能与实际使用需求相适应。

除了以上因素，轨道车辆故障检修设备的选择与配置还需统筹兼顾技术先进性、经济合理性、可维护性等多个方面。一方面，随着检修技术的发展，一些新型检测诊断设备不断涌现，如在线监测系统、故障预警软件等，为提高检修效率和准确性提供了新的可能。因此，要密切跟踪行业最新技术动态，适时引进先进、适用的检修装备。另一方面，设备选型还需综合考虑采购成本、维护成本、人员培训等费用，在满足检修需求的基础上，尽量选择性价比高的设备产品。同时，设备的可维护性也至关重要，要充分评估备件供应、维修便利性等因素，最大限度地保障设备的使用寿命。

轨道车辆故障检修设备的选择与配置需要系统分析检修对象、检修任务、作业环境等多重因素，科学权衡技术性能、经济效益、维护成本等多个指标，最终形成适用、可靠、经济的设备方案。这不仅需要专业技术人员的精心论证和方案优化，也需要设备管理人员、一线检修工人的知识积累和实践经验。只有多方协同发力，共同推进，才能不断提升轨道车辆故障检修水平，为轨道交通安全高效运营提供坚实保障。

（二）检修工具的分类与管理

从使用性质上看，轨道车辆检修工具可分为通用工具和专用工具两大类。通用工具如扳手、螺丝刀、钳子等，可广泛应用于各种检修场合；专用工具则针对特定部件或故障类型而设计，如轮对测量仪、制动试验台等，使用范围相对较窄但精度更高。根据精确度的不同，检修工具还可进一步细分为粗修工具、精修工具和高精度测量仪器。粗修阶段多采用机械加工类工具，注重效率；精修阶段则需要电学、光学测量仪器参与，以保证修复质量。

在实际工作中，轨道车辆检修工具的分类应坚持适用性原则，依据检修对象、作业内容、人员资质等因素综合确定。对于同类工具，宜采用统一的编码和标识，便于管理人员快速识别和调配。分类编制应定期评估更新，以适应检修技术的发展变化。

规范化的工具管理是确保检修质量的重要保证。具体措施包括：首先，所有工具入库前必须经过严格的性能检测，淘汰不合格产品，从源头上防范质量隐患。其次，工具的存储和使用应严格执行相关规定，做好登记造册，明确专人负责保管、维护、定期校准，确保其处于最佳工作状态。再次，要加强工具管理的信息化建设，利用条码、射频等技术手段，实现工具全生命周期的精细化管控。

在日常使用过程中，应建立工具领用登记制度，明确操作人员的权限和责任。领用人需检查确认工具的完好性，并在规定时限内归还。对于贵重或高精度工具，宜配备必要的防护装置，严防磕碰、进水等意外损坏。一旦发现工具故障或损毁，要及时报修或更换。

工具管理的关键在人，需要充分调动一线检修人员参与工具管理的积极性。可通过宣贯培训、技能竞赛等方式，强化员工的工具意识，引导其主动爱护工具、合理使用工具。对于在工具管理中表现突出的个人和团队，应给予适当表彰和奖励，发挥示范引领作用。

（三）检修场地的布置与准备

轨道车辆故障检修场地的布置应遵循功能分区、布局优化的原则。根据检修工艺流程和作业特点，将场地划分为不同的功能区域，如车辆停放区、零部件拆装区、机加工区、电器维修区、轮对检修区等。各功能区之间既要相对独立又要有机联系，既要防止相互干扰又要便于协同作业。例如，零部件拆装区应邻近车辆停放区，便于拆卸下来的零部件运输；机加工区应与电器维修区适当分隔，避免粉尘、噪声等对电气设备造成影响。同时，场地布局还要考虑人流、物流的合理组织，尽量缩短运输距离，提高工作效率。

为保障检修工作安全有序地开展，检修场地还应配备必要的基础设施。充足的照明设备可以为检修人员营造出良好的光线条件，预防因视野不良而引发的作业风险。通风、除尘、排烟等设备有助于改善作业环境，保护检修人员的身心健康。此外，整齐划一的线路标识、醒目的安全警示标志也是不可或缺的，它们能够时刻提醒检修人员遵守操作规程，防范事故发生。

除了硬件设施，检修场地的准备工作还包括各种软环境要素。详尽的技术资料是开展检修工作的重要依据，如车辆说明书、电气原理图、液压原理图等，应提前收集整理，并置于便于取用的位置。规范的管理制度则是确保检修过程有序可控的制度保障，如安全管理制度、设备管理制度、工艺管理制度等，应张贴于显著位置，便于检修人员随时参阅。与此同时，备品备件的充足供应也是检修工作高效推进的重要条件。常用易损件、关键部件等应提前准备，数量充足、质量可靠、堆放有序、及时补充，确保检修工作不会因缺料而被迫中断。

二、轨道车辆故障检修方案的制定与实施

(一)故障检修方案的制定流程

制定故障检修方案是确保检修工作高效、安全开展的关键环节。其流程主要包括以下几个步骤。首先，检修人员应全面收集车辆故障信息，包括故障现象描述、故障发生时的工况参数、故障发生频率等，形成完整的故障数据库。在此基础上，检修人员需要对故障数据进行分类整理和统计分析，识别出高发故障、重点故障，厘清不同故障类型之间的关联。通过横向对比分析，检修人员可以发现共性故障模式，探究故障发生的深层次原因。

其次，根据故障分析结果，检修人员应查阅相关技术资料，如车辆使用说明书、维修手册等，了解设备的结构原理和工作状态，掌握标准的检修工艺和方法。同时，检修人员还应总结以往类似故障的检修经验，学习并借鉴行之有效的解决方案。在此基础上，检修人员可以制定针对性的故障诊断策略，确定关键检测点位和检测参数，选择合适的检测工具和诊断设备。

再次，在明确诊断策略后，检修人员应制定具体的检修方案，包括拆卸步骤、清洁方式、更换零部件、装配要求、调试标准等。检修方案应符合相关技术标准和操作规范，确保检修过程的规范性和可追溯性。同时，考虑现场作业条件、人员配置、工期安排等因素，合理制定检修进度计划，协调好与其他专业的配合。在方案制定过程中，检修人员应注重细节，如易损件的备货、特种工艺的应用、安全防护措施等，做到全面考虑、周密安排。

最后，检修方案制定完成后，应组织专家进行可行性评估。通过专家评审，及时发现方案中存在的问题和不足，进一步优化和完善检修工艺和操作细节。经过多轮迭代和修改，最终形成一套科学合理、安全可靠的检修方案，为故障检修工作提供指导和依据。

(二)故障检修方案的实施步骤

实施故障检修方案是确保车辆恢复性能、保障运行安全的关键环节。其步骤主要包括以下几个方面。首先，检修人员应根据故障检修方案的要求，对故障车辆进行全面的检查和诊断。这一步骤至关重要，它为后续的维修工作奠定了基础。检查过程中，检修人员需要运用专业的知识和技能，利用先进的检测

设备，全面分析车辆的各个系统和部件，准确定位故障点。同时，应记录详细的检查数据，为故障原因分析和维修方案优化提供依据。

在明确故障原因后，检修人员应按照检修方案制定的步骤，有序开展维修工作。一般来说，维修工作需要遵循"先重后轻、先主后次、先内后外"的原则。对于严重影响车辆安全和性能的关键部件，如制动系统、牵引系统等，应优先进行维修或更换。而对于一些辅助性的部件，则可以视情况而定，适当延后处理。在维修过程中，每一个步骤都应该严格按照规范进行，不能随意变更或省略。同时，检修人员还应该与其他专业人员密切配合，如电气、电子、液压等方面的专业人员，共同攻克复杂的技术难题。

值得注意的是，在实施故障检修方案时，还应该注重质量控制和安全管理。维修过程中的每一道工序，都应该有专门的质量检验环节。通过自检、互检、专检等多重检验，确保维修质量符合标准要求。对于一些关键工序，还应该进行严格的验收和测试，以验证维修效果。安全管理方面，维修现场应该严格落实各项安全防护措施，如佩戴安全帽、使用安全工具、设置警示标识等。对于一些高危作业，如动火作业、有限空间作业等，必须严格执行安全作业许可制度，确保作业安全。

完成故障检修后，还应该对车辆进行全面的性能测试和试运行。通过对车辆的动态监测和数据分析，评估故障检修的效果，发现可能存在的问题。如果发现问题，应及时反馈给相关部门，进行再次维修或调整。只有通过反复测试和验证，才能最终确保车辆的安全性和可靠性。

在整个故障检修方案实施过程中，还应该重视信息的记录和反馈。详细记录故障车辆的各项参数、故障现象、诊断过程、维修方案、质量检验结果等，建立完整的维修档案。这些信息不仅可以为后续类似故障的处理提供借鉴，也能够为轨道车辆的可靠性分析和预防性维修提供数据支持。同时，及时收集一线检修人员的意见反馈，对检修方案进行优化和改进，不断提升故障检修的效率和质量。

（三）故障检修方案的优化改进

在实际检修过程中，检修人员往往需要根据具体情况对既有方案进行动态调整，以提高检修效率和质量。这就要求检修方案具有一定的灵活性和适应性，能够随着故障类型、车辆状况等因素的变化而及时更新迭代。

从方案制定的源头入手，优化故障检修方案需要维修团队具备扎实的理论基础和丰富的实践经验。一方面，检修人员要深入研究车辆结构原理、故障机理，掌握系统完整的专业知识体系；另一方面，要注重总结多年检修实践中的经验教训，提炼行之有效的工作方法。只有理论联系实际，才能设计出切实可行的检修方案。

在优化过程中，数字化技术的应用大有可为。利用大数据分析、人工智能等手段，可以从海量历史检修数据中挖掘有价值的信息，发现隐藏的故障模式和规律。基于数据驱动的决策将使检修方案更加精准高效。同时，虚拟仿真、增强现实等技术也为检修人员提供了全新的优化工具。构建车辆部件的三维模型，模拟故障发生发展过程，可视化呈现检修操作，有助于直观评估方案可行性，优化作业流程。

此外，多专业团队协同攻关也是方案优化的重要路径。轨道车辆系统复杂，涉及机械、电气、控制、材料等多个学科领域。打破专业壁垒，组建跨界团队，集思广益，能够从不同视角审视问题，激发创新灵感。专业力量的整合将推动检修方案从单一走向系统，从静态走向动态，不断提升其科学性和有效性。

方案优化还应立足轨道交通高质量发展需求，紧跟行业发展前沿。随着新材料、新工艺、新技术的不断涌现，轨道车辆性能日益提升，对故障检修提出了更高要求。及时跟进前沿动态，引入先进理念和方法，对检修方案进行升级换代，方能适应时代发展，满足安全、便捷、高效出行的社会需求。

三、轨道车辆故障检修过程中的安全管理

（一）检修现场安全防护措施

1. 根据不同检修作业的特点，明确作业现场的安全管理要求

轨道车辆故障检修涉及电气、机械、液压等多个专业，不同专业的作业现场存在不同的危险因素。例如，高压电气设备检修时，应严格执行断电、验电、悬挂标识牌等安全操作规程；液压系统检修时，应先释放管路压力，防止高压油液飞溅伤人。因此，安全管理人员应会同相关专业技术人员，深入分析每个作业面的危险源，制定有针对性的安全防护措施。

2. 加强对作业人员的安全教育和培训

轨道车辆故障检修对作业人员的专业技能和安全意识要求很高。作业人员

不仅要熟悉各种设备的结构原理、操作规程，更要树立"安全第一"的思想，养成规范操作的习惯。为此，检修单位应定期组织安全教育和技能培训，通过案例分析、情景模拟等方式，提高作业人员的安全防范能力。同时，应建立严格的考核机制，对不符合要求的人员坚决清退，确保每一名上岗人员都具备扎实的安全功底。

3. 完善安全防护设施和装备

轨道车辆故障检修作业环境恶劣，存在噪声、粉尘、电磁辐射等多种职业病危害因素。为保障作业人员的身心健康，检修单位应配备齐全的劳动防护用品，如安全帽、绝缘手套、防尘口罩等，并督促作业人员严格佩戴使用。对于检修作业面，应设置安全警示标识，划定警戒线，防止无关人员误入。对于狭小、密闭的作业空间，应加强通风换气，配备必要的监测和救援设备，确保作业人员的生命安全。

4. 建立完善的应急救援机制

轨道车辆故障检修过程中，可能发生机械伤害、触电、中毒等各类突发事件。一旦发生事故，如果救援不及时，后果不堪设想。因此，检修单位应制定详细的应急预案，明确各部门、各岗位的职责分工和联动机制。同时，应定期组织应急演练，检验预案的可操作性，提高全员的应急处置能力。一旦发生事故，应第一时间启动应急预案，最大限度地减少人员伤亡和财产损失。

安全防护措施的制定和落实，是一项系统工程，需要检修单位上下一心、齐抓共管。领导干部应提高政治站位，将生产安全放在首要位置；管理人员应履职尽责，严格安全监督和考核；一线员工应提高安全意识，自觉遵守各项规章制度。只有形成全员参与、全过程控制的安全管理格局，才能为轨道车辆故障检修工作的顺利开展提供坚实保障。

（二）检修人员安全操作规程

在检修过程中，检修人员必须严格遵守相关安全操作规程，时刻保持警惕，确保检修作业的安全性。检修人员在进行故障检修操作时，首先要全面了解待检车辆的基本情况，掌握其结构原理和故障特点。同时，要对检修作业现场进行全面的安全风险评估，识别潜在的危险因素，制定切实可行的防控措施。

检修作业开始前，检修人员要认真核对工作票，明确作业内容、范围和要求。在领取工具、仪器设备时，要仔细检查其性能和安全状态，确保其处于良好的工作状态。在实际操作中，检修人员必须按照规定的程序和步骤进行，严禁违章作业。对于需要多人协同完成的检修任务，要明确分工，加强沟通协调，避免出现遗漏或重复作业的情况。

在检修过程中，个人防护至关重要。检修人员必须佩戴好安全帽、工作服、绝缘手套、绝缘鞋等劳动防护用品，做好安全防护。对于存在触电、高空坠落、机械伤害等风险的作业，要严格按照专项安全操作规程进行，并采取可靠的安全防护措施。例如，在进行受电弓等高压设备的检修作业时，要严格执行断电、验电、接地等安全措施，防止发生触电事故。

检修作业中，用电、用火安全也是一个重点。检修人员要严格按照用电安全管理规定使用电器设备和工具，做好现场用电安全防护。对于动火作业，必须办理动火工作票，落实防火、灭火措施，配备足够的消防器材，确保作业安全。在动火作业区域，还要设置明显的警示标识，严禁无关人员进入。

此外，轨道车辆检修过程中还可能涉及有毒、有害物质。检修人员接触这些物质时，要做好相应的防护，正确使用防毒面具、护目镜等防护用品，避免发生中毒或灼伤等伤害事故。对于产生有毒、有害气体或粉尘的作业，要保证作业场所的通风，必要时还需配备排风设备。

最后，检修人员还应提高安全风险意识，加强自我保护。在发现安全隐患或遇到紧急情况时，要立即停止作业，及时向现场负责人报告，积极配合处置。要养成良好的安全生产习惯，遵守劳动纪律，不疲劳作业，杜绝酒后作业。同时，要主动学习安全生产知识，参加安全教育培训，不断增强安全防范技能。

检修人员必须牢固树立"安全第一"的思想，严格遵守安全操作规程，强化安全风险管控，规范自身作业行为。只有扎实做好安全基础工作，不断提升检修人员的安全素质和技能，才能为轨道车辆故障检修工作的安全、高效、优质开展提供坚实保障，为轨道交通的安全运营贡献力量。

（三）检修过程安全风险评估

在检修作业开始前，相关人员应全面识别和评估可能存在的各类安全风险，并采取针对性的防控措施。首先，要充分考虑轨道车辆自身特点带来的安全风险。由于轨道车辆结构复杂、运行工况恶劣，其关键部件如牵引系统、制动系统、车钩缓冲系统等极易发生故障，给检修作业带来较大的安全隐患。因此，检修人员应对车辆各系统、部件的结构原理和故障特征有充分的了解，评估因部件失效或错误拆装可能引发的安全风险，制定相应的防范措施。

其次，检修作业环境也可能诱发多种安全风险。轨道车辆检修通常在封闭、狭窄的空间内进行，作业环境存在照明不足、通风不畅、有毒有害气体聚集等问题。这些都会对作业人员的身心健康产生不利影响，并增加触电、机械伤害、中毒、窒息等事故的发生概率。对此，应通过安全风险评估，采取改善照明和通风、配备防护设施等措施，为检修人员创造安全、舒适、健康的作业环境。

再者，人的不安全行为是引发检修事故的主要原因。疲劳作业、违章操作、侥幸心理等都可能导致严重的人身伤亡和设备损坏事故。因此，安全风险评估必须充分考虑人的行为特点，从人、机、环境三个方面入手，最大限度地减少和杜绝人的不安全行为。一方面，要加强作业人员的安全意识和技能培训，提高其安全素质；另一方面，要完善各项安全管理制度和操作规程，加大检查和监督力度，为规范有序的检修作业提供制度保障。

除了常规的安全风险，突发事件和极端情况也应纳入评估范畴。如地震、洪水、台风等自然灾害，以及火灾、爆炸、恐怖袭击等突发事件，都可能对轨道车辆检修工作造成严重影响，威胁作业人员生命财产安全。对此，应制定完善的应急预案，明确应急处置流程，配备必要的应急物资和设备，并定期组织应急演练，不断提高快速反应和妥善处置突发事件的能力。

四、轨道车辆故障检修质量的评估与反馈

（一）故障检修质量评估标准制定

从宏观层面来看，故障检修质量评估标准应该与轨道车辆的整体运营目标相契合。一方面，评估标准要充分体现安全性、可靠性的要求，确保检修后的车辆能够安全、稳定地投入运营；另一方面，评估标准还要兼顾经济性和效率性，在保证质量的前提下最大限度地降低检修成本、缩短检修周期。只有在安全、质量、成本、效率等方面做到相互协调、动态平衡，才能使评估标准真正发挥引领和提高检修质量的作用。

从微观层面来看，故障检修质量评估标准的制定需要细化到检修的各个环节和具体项目。对于每一个检修工序，都要设置科学的质量评估指标，明确质量控制点和关键参数。例如，在车辆部件的拆卸、清洗、检测、修复、装配等环节，要分别制定零部件的技术状态评估标准，规定关键尺寸、精度的合格范

围，为每道工序的质量把关提供明确的遵循。同时，评估指标的设置还要合理量化，易于操作和考核，便于一线检修人员执行和自查。

建立完善的故障检修质量评估标准是一个持续改进、动态优化的过程。一方面，随着轨道车辆技术的发展和故障模式的变化，评估标准需要与时俱进地更新完善；另一方面，要定期总结检修质量评估的执行情况，分析评估结果与实际质量的偏差，找出评估标准存在的问题和不足，并加以改进。只有建立起"制定标准－执行评估－分析反馈－持续改进"的循环机制，才能不断提升故障检修质量评估的科学性和有效性。

此外，故障检修质量评估标准的制定还需要建立在扎实的理论基础和丰富的实践经验之上。相关人员要深入分析轨道车辆故障发生的机理和规律，系统掌握各类部件、设备的结构原理和性能特点，广泛吸收国内外先进的检修技术和质量管理经验，使评估标准既符合理论，又接地气、可操作。同时，标准的制定还要广泛听取一线检修人员和技术专家的意见，充分考虑其可行性和接受度，并在实践中不断检验和完善。

（二）故障检修质量反馈机制建立

通过系统收集、分析检修过程中的质量数据，识别存在的问题和薄弱环节，制定针对性的改进措施，形成"计划－执行－检查－改进"的闭环管理，才能实现检修质量的螺旋式提升。

建立故障检修质量反馈机制，需要开展深入、系统的质量分析。这需要组建专业的质量分析团队，运用统计分析、根本原因分析等方法，深挖质量问题背后的症结所在。例如，针对某一类多发故障，要从人员技能、作业标准、备品备件管理等方面入手，系统查找引发质量问题的根本原因。在明确原因的基础上，质量分析团队还应提出切实可行的整改措施，形成质量改进方案。质量分析不应是一次性的工作，而应形成常态化机制。通过定期开展质量分析会议，持续跟进分析成果在生产一线的应用，推动质量改进方案落地见效，由此形成闭环管理，持续提升检修质量。

故障质量反馈需要与绩效考核等管理手段有机结合，形成推动质量改进的长效机制。例如，将质量指标纳入部门和个人绩效考核范畴，将质量改进与员工切身利益挂钩。又如，建立质量问责机制，对于质量事故，要严肃追责，以警示教育促进检修人员质量意识和责任意识的提升。与此同时，要注重正面激励，对在质量管理中做出突出贡献的单位和个人给予表彰和奖励，营造人人重视质量、追求卓越的良好氛围。

（三）故障检修质量持续改进措施

1. 建立健全质量管理体系

质量管理体系是持续改进的基础，应涵盖故障检修全过程，明确各环节的质量要求、操作规范和考核标准。通过体系化管理，可以有效规避质量风险，保证检修工作有章可循、有据可依。例如，可以制定详细的质量手册、程序文件和作业指导书，确保每个检修环节都有明确的操作规范和质量标准。

2. 加强检修人员技能培训

检修人员的技能水平和工作态度是影响检修质量的关键因素。企业应定期开展岗位技能培训，提高检修人员对新技术、新工艺、新标准的掌握程度。同时，加强职业道德教育，培养检修人员"精益求精、追求卓越"的质量意识和责任意识。例如，可以组织内部培训课程、邀请行业专家进行讲座、开展技能竞赛等活动，提升检修人员的专业素养。

3. 引入先进技术和设备

随着轨道交通装备技术的不断进步，传统的检修方法已难以满足日益提高的质量要求。企业应密切关注行业前沿动态，积极引进先进的故障诊断系统、检测设备、维修工具等，提高故障检修的精准度和效率。例如，引入智能诊断系统可以快速定位故障点，减少人工排查的时间；使用高精度检测设备可以提高检测结果的准确性。同时，鼓励技术创新，支持一线人员开展质量控制（QC）小组活动，优化检修工艺流程，攻克质量难题。

4. 完善质量评估与反馈机制

质量评估应贯穿检修全过程，及时发现并纠正质量偏差。企业可建立多层次、多维度的质量评估指标体系，定期开展内部质量审核和管理评审，客观评价检修质量状况。例如，可以设立质量检查点，对每个关键工序进行严格检查；定期进行质量抽检，确保整体质量水平。评估结果应及时反馈给相关部门和人员，督促其针对性地制定整改措施。对于严重质量问题，要举一反三，深入分析根源，制定长效机制，防止类似问题再次发生。

5. 营造全员参与的质量文化氛围

质量文化是推动质量持续改进的内生动力。企业应大力弘扬"质量第一、用户至上"的价值理念，让每一位员工都成为质量改进的参与者和推动者。可以通过开展质量月、质量改进提案活动等形式多样的活动，营造浓厚的质量文化氛围。同时，建立科学的质量激励机制，对在质量改进中表现突出的个人和团队给予表彰和奖励，调动全员参与质量改进的积极性和创造性。

第二节 轨道车辆故障处理与应急响应机制

一、轨道车辆故障处理的基本原则

（一）安全优先原则

在轨道车辆故障检修工作中，必须始终将安全放在首位，坚决杜绝任何可能危及乘客生命财产安全、影响行车安全的行为。具体而言，安全优先原则主要体现在以下几个方面。

首先，安全优先原则要求故障检修人员必须严格遵守各项安全操作规程。轨道车辆结构复杂，涉及机械、电气、电子、通信等多个专业领域，检修过程中稍有疏忽就可能酿成严重后果。因此，检修人员必须熟悉并严格执行相关操作规范，如"高压设备两人同时作业""登顶作业必须使用安全带"等，确保自身和他人的安全。对于违反操作规程的行为，必须坚决制止和严肃处理。

其次，安全优先原则强调要以高度负责的态度对待每一项检修任务。轨道车辆承载着成千上万名乘客的生命安全，检修质量直接关系到行车安全。因此，检修人员必须时刻保持如履薄冰的心态，精益求精，一丝不苟。对于每个零部件，都要认真检查，发现问题要及时处理，决不能有丝毫马虎。只有秉持高度负责的工作态度，才能从根本上保证轨道车辆的安全运行。

再次，安全优先原则要求在故障处理过程中必须科学评估风险，合理安排作业。轨道车辆故障种类繁多，有些故障如果处理不当，极易引发连锁反应，造成更大的安全隐患。因此，在制定检修方案时，必须充分考虑各种风险因素，优先处置危害性大、影响范围广的故障。同时，要合理调配人力物力，确保在安全的前提下以最快的速度排除故障，尽量减少对正常运营秩序的影响。

此外，安全优先原则还要求检修单位必须配备完善的安全防护设施，为一线作业人员提供坚实的安全保障。例如，应根据作业需要配备安全帽、绝缘手套、安全鞋等劳动防护用品，并定期检查和更新；在列车检修库、停车场等作业场所设置安全警示标识、应急照明设备等。只有为检修人员营造一个安全的作业环境，才能从客观上降低事故风险，筑牢安全生产的防线。

最后，贯彻安全优先原则，还必须大力弘扬"安全第一、预防为主"的安全文化理念。通过加强安全教育培训，提高全员安全意识；通过开展隐患排查治理，消除事故隐患；通过完善安全管理制度，推动安全管理走向规范化、制度化。唯有如此，才能真正将安全优先原则融入全体员工的自觉行动，成为检修工作的灵魂。

在轨道车辆故障检修中，必须始终坚持安全优先原则，将其贯穿到故障处理的全过程、各环节。这既是对乘客生命安全高度负责的体现，也是保障轨道交通安全平稳运行的必然要求。只有不断强化安全意识，健全安全管理体系，才能在确保安全的前提下，以最快速度排除故障，最大限度地减少对运营秩序的影响。这不仅是检修单位和一线作业人员的职责所在，更是整个轨道交通行业的神圣使命。

（二）快速响应原则

轨道车辆故障处理的核心在于及时发现故障、迅速反应、有效处置，最大限度地减小故障对运营服务的影响。这一原则的有效实施，需要故障处理团队和相关部门的高度协同与密切配合。

1. 建立完善的故障监测与报警系统

现代轨道车辆已广泛装备了各类传感器和诊断设备，能够实时采集车辆运行状态数据。通过对这些数据的智能分析，可以及早发现车辆运行中的异常情况，为快速响应赢得宝贵时间。一旦监测系统发现故障征兆或触发报警，值班人员必须立即启动应急预案，通知相关人员迅速到位。

2. 建立专业高效的故障处理团队

故障处理团队应由机械、电气、电子、通信等多学科专业人才组成，具备娴熟的故障诊断与维修技能。团队成员需要对车辆结构、工作原理有深入了解，熟悉常见故障模式及其处理方法。在日常工作中，应加强业务培训和应急演练，提高团队的快速反应能力。故障发生后，团队成员要在最短时间内赶赴现场，查明故障原因，制定维修方案，尽快排除故障，恢复车辆正常运行。

3. 科学合理的备品备件管理

轨道车辆由众多复杂精密的部件构成，任何一个关键部件的损坏都可能导致列车无法运行。因此，运营单位必须根据车辆运行情况，提前储备足够的关键备件，确保在故障发生时能够及时更换受损部件。同时，应建立完善的备件管理制度，明确采购、验收、储存、领用等各环节的工作流程和责任人，提高备件周转效率。

4. 与车辆维修部门的有效衔接

故障处理团队在排除故障后，往往需要将受损部件或车辆送至维修车间进行修复。维修部门应提前制定应急维修预案，合理调配人力物力，确保在最短时间内修复受损设备。同时，维修部门还应加强与故障处理团队的信息共享，及时反馈维修进度，为运营调度决策提供支持。

5. 轨道运营调度部门

运营调度人员需要根据故障情况，迅速调整列车运行计划，最大限度地降低故障对运营秩序的影响。例如，可以采取跳停、折返、换乘等应急措施，保证非故障区间的正常运营。同时，要及时向乘客发布信息，提供合理的出行建议，最大限度地减少乘客的出行不便。

（三）协同配合原则

轨道车辆故障处理需要多个部门和岗位的协同配合。协同配合原则是指轨道交通运营单位内部各相关部门，以及运营单位与外部单位之间，必须建立起高效协作的工作机制，形成合力，共同完成故障处理任务。

从轨道交通运营单位内部来看，运营调度中心、车辆段、工务段、供电段、信号段等部门在故障处理中均扮演着不可或缺的角色。运营调度中心负责故障信息的接收、分析和指挥调度，是协调各部门行动的"中枢"。车辆段负责轨道车辆的维修和技术支持。工务段、供电段、信号段分别负责线路、供电、信号等基础设施的抢修。这些部门必须建立起顺畅的沟通渠道和明确的责任分工，形成一套统一指挥、分工协作的工作机制。例如，当列车发生故障时，车载监测设备会实时将故障信息传送至运营调度中心，运营调度中心迅速判断故障类型和影响程度，确定初步处置方案，并及时将任务分解到相关部门。车辆段接到指令后，立即组织技术人员赶赴现场排查故障原因，指导现场人员采取应急措施。如果故障涉及线路、供电、信号等设施，调度中心还需协调工务段、供电段、信号段等部门参与抢修。整个过程中，各部门时刻保持信息互通，根据故障处理进展动态调整工作方案，直至故障彻底排除。

除了内部协同，轨道交通运营单位与外部单位的协作配合也至关重要。当发生严重故障，可能对公共安全产生重大影响时，运营单位需要与地方政府、公安、消防、医疗等部门保持密切沟通，必要时请求外部力量支援。例如，当列车发生侧翻等特别重大事故，造成大量乘客伤亡时，运营单位必须在第一时间向政府报告，并与公安、消防、医疗等部门联动，全力做好乘客救助和人员搜寻工作。

协同配合的基础在于建立完善的应急预案体系和开展经常性的应急演练。应急预案明确了各部门、各岗位在不同故障场景下的职责分工和行动程序，使协同配合有章可循。而应急演练则是检验协同配合机制运行效果的"试金石"，其通过模拟实战场景，发现并及时弥补各部门间协调配合的薄弱环节。

只有运营单位内外部形成协同一致、密切配合的工作局面，才能在复杂的故障处理中做到快速反应、科学决策、有序行动，最大限度地减少故障带来的不利影响，确保轨道交通运营安全、平稳、有序。这对运营单位应急管理能力的提升，乃至整个轨道交通系统的安全稳定运行，都具有十分重要的意义。

二、轨道车辆故障处理团队的组织与协调

（一）故障处理团队的组成与分工

从组成结构看，故障处理团队包括领队、技术专家、检修人员、安全员、通信联络员等多个角色。领队负责统筹协调，掌控全局，对故障处理工作进行宏观指挥和决策。技术专家提供专业支持，对复杂疑难故障进行诊断分析，制定科学合理的处置方案。检修人员肩负着具体操作和实施的重任，需要具备娴熟的专业技能和严谨的工作作风。安全员从旁监督，确保故障处理过程严格遵守各项安全规程。通信联络员负责内外信息的传递和沟通，是团队内部协同和

对外联系的纽带。

从角色分工看，故障处理团队应该建立起明确、合理的职责体系。各成员要各司其职，责任到人，严格履行自己的岗位职责。同时，团队成员之间要通力合作，发扬团队协作精神。领队要善于统筹兼顾，协调各方力量，形成工作合力。技术专家要发挥专业所长，攻坚克难，为故障诊断把脉定向。检修人员要听从指挥，严格执行，确保操作规范、精准、高效。安全员要履行监督职责，及时发现安全隐患并督促整改。通信联络员要做好上传下达，畅通信息渠道。

从能力素质看，故障处理团队成员应具备过硬的业务能力和优秀的职业素养。领队除了要有丰富的一线工作经验，还要具备出色的组织管理和决策能力。技术专家要学识渊博，对相关专业知识融会贯通，同时要善于创新，勇于突破。检修人员要技艺精湛，操作规范，养成细致谨慎的工作习惯。安全员要眼光敏锐，对安全隐患保持高度警惕，具有强烈的责任心。通信联络员要沟通能力突出，表达准确清晰，处事灵活机智。

从日常管理看，要加强故障处理团队的培训和演练。定期开展业务培训，提升团队成员的理论水平和实践技能。针对各类故障场景，制定应急预案，开展实战演练，磨合团队协作，检验应急机制，不断提高故障处置能力。同时，要建立科学的绩效考核和激励机制，通过量化的绩效指标，客观评价每个成员的工作表现，将考核结果与职业发展、薪酬待遇挂钩，激发团队的内生动力。

（二）故障处理团队的协调机制

建立科学、规范、运转顺畅的协调机制，可以最大限度地发挥团队成员的专业优势，实现资源的优化配置和高度协同。一个行之有效的故障处理协调机制应当包含以下几个核心要素。

1. 明确的指挥调度体系

在发生重大或复杂故障时，需要快速启动应急预案，统一指挥调度故障处理全过程。这就要求建立一个职责清晰、反应迅速、执行有力的指挥调度机构，由经验丰富的技术管理人员担任总指挥，全面协调指挥抢修工作。同时，要充分运用现代信息技术手段，构建覆盖故障处理各环节的指挥信息系统，确保信息传递渠道通畅，各抢修单元动作协同一致。

2. 高效的沟通协调方式

故障处理涉及车辆、供电、信号、通信等多专业部门联动，需要通过有效沟通协调形成合力。要建立定期与不定期相结合的沟通机制，采取会议、文件、口头通知等多种灵活方式，及时传达故障处理的总体部署和阶段任务。对于专业交叉的问题，要组织协调会研究解决方案，明确各自分工，避免推诿扯皮。同时注重上下级、层级间及与外部单位的信息互通共享，提高联动效率。

3. 科学合理的任务分工

根据故障类型、严重程度、维修工艺等因素，对故障处理任务进行细化分解，明确各专业、各工种、各岗位的具体职责和要求。分工要突出重点、明确轻重缓急，既要避免不同专业间职责交叉重叠，又要防止责任空白盲区。要充分发挥骨干力量的引领作用，带动全员积极参与。对于专业性强、技术难度高的任务，要组建精干作业团队或委派技术尖兵攻坚克难，形成管理与技术相结合的分工协作机制。

4. 完善的过程管控措施

要加强对故障处理进度和质量的动态监管，及时掌控各专业、各节点工作完成情况，协调解决存在的困难和问题。要建立责任追溯制，对在协调联动中发生的失误及时总结反思，查明原因，明确责任，防止类似问题重复发生。对在任务完成中表现突出的团队和个人，要通过合适的方式予以表彰激励，营造比学赶超的良性竞争氛围。

5. 持续的机制优化完善

协调机制的建立不是一蹴而就的，需要在实践中不断总结经验教训，查找薄弱环节，持续改进提升。要定期开展机制运行情况评估，收集一线员工和管理人员的意见和建议，借鉴同行业先进单位的成功经验，对已有的组织设置、制度流程、奖惩措施等进行动态调整，使之更加科学合理、切合实际。还要重视理论与实践相结合，鼓励开展故障处理协调机制方面的理论研究，用前瞻性思考引领协调机制与时俱进。

（三）故障处理团队的培训与管理

为了确保故障处理团队能够胜任各项任务，提高轨道车辆运行可靠性，必须加强对故障处理团队的培训与管理。

培训是提升故障处理团队专业能力的关键举措。轨道车辆结构复杂、技术含量高，涉及机械、电气、控制、通信等多个专业领域。故障处理团队成员需要掌握扎实的理论基础和实践技能，了解各系统、部件的工作原理、故障模式和排查方法。针对这一需求，运营单位应制定系统、全面的培训计划，定期组织理论学习和实操演练。理论学习要紧密结合实际案例，深入剖析典型故障的成因、表现和处理过程，帮助团队成员构建起完整的知识体系；实操演练则要以真实场景为背景，模拟各类故障情况，锻炼成员的动手能力和应变能力。通过反复的训练和实践，故障处理团队的业务水平和实战经验将得到显著提升。

有效的管理机制是保障故障处理团队高效运转的必要条件。首先，要建立科学的人员选拔和任用制度。故障处理工作对团队成员的技术水平和心理素质都有较高要求，选拔时要全面考察候选人的知识结构、操作技能、沟通协调能力、抗压能力等，确保选用最适合的人才。其次，要完善责任分工和协同机制。明确每个岗位的职责范围，细化工作流程和接口，形成分工明晰、协同有序的工作格局。再次，要强化过程管控和绩效评估。建立故障处理全过程的监督考核机制，及时发现和解决问题，持续优化工作方法和流程。定期开展绩效评估，将处理故障的数量、质量、效率等指标量化，作为团队和个人考核的重要依据。最后，要注重团队文化建设。培养"安全第一、预防为主、科学处置"的工作理念，营造严谨、务实、创新、协作的团队氛围，激发每个成员的责任感和荣誉感。

故障处理团队承担着轨道车辆安全运营的重要职责，面临着复杂多变的工作环境和高强度的工作压力。加强对故障处理团队的培训与管理，是提升其专业能力和工作效能的必由之路。只有通过系统的理论学习和实践锻炼，完善的选人用人和管理机制，严格的过程监督和绩效评估，以及良好的团队文化建设，才能打造一支技术过硬、反应迅速、协同有序的故障处理铁军。唯有如此，轨道车辆的本质安全才能得到可靠保障，运营单位的服务品质才能不断提升，广大乘客的出行需求才能得到充分满足。在新时代背景下，深入推进故障处理团队建设，既是轨道交通事业高质量发展的应有之义，更是服务经济社会发展大局的必然要求。

三、轨道车辆故障处理信息记录

随着轨道交通网络的不断扩张和运营压力的日益增大，如何及时、准确、全面地记录故障处理信息，已经成为运营单位亟须解决的现实问题。标准化的信息记录不仅有助于第一时间掌握故障情况，协调各部门有序开展工作，更为事后总结经验教训、完善应急预案提供了可靠依据。

信息记录标准化的核心在于建立统一、规范的数据采集和编码体系。这需要运营单位充分考虑轨道车辆故障的类型、特点及处理流程，设计科学合理的信息分类和编码规则。例如，可以从故障部位、故障现象、故障原因等维度对车辆故障进行系统梳理，形成一套标准化的故障分类体系。在此基础上，进一步细化每个类别的信息记录要素，如故障发生时间、发现途径、影响范围、处理措施、恢复时间等，并规定统一的数据格式和编码规则。只有实现从源头上的标准化，才能真正提高故障信息记录的规范性和可用性。

信息记录的及时性和准确性是标准化工作的重中之重。在实际运营中，车辆故障通常具有突发性和不确定性，这就要求一线人员必须在第一时间准确记录故障信息，为后续处置工作提供可靠的数据支撑。与此同时，信息记录还应做到全面完整，既要包括客观的事实描述，也要涵盖主观的原因分析和应对措施，确保信息的完整性和连贯性。例如，在记录列车"门系统故障"时，除了要详细描述故障现象、发生部位等基本信息外，还应记录故障发生的前因后果、采取的初步处置措施及对运营的影响等，力求全面再现故障发生和处理的完整过程。唯有如此，才能为事后复盘、优化应急预案提供翔实的参考依据。

此外，信息共享机制的建立也是实现故障处理信息标准化的重要保障。一方面，运营单位应积极利用信息化手段，构建故障信息管理系统，实现故障数据的集中管理和实时更新。通过系统平台，各相关部门可以及时获取最新的故障处理信息，有效提高协同效率。另一方面，还应建立跨部门、跨专业的信息共享机制，打破信息壁垒，促进知识和经验的交流互鉴。例如，定期组织故障案例研讨会，邀请车辆、供电、通信等多专业人员参与，共同探讨复杂故障的成因和解决方案，促进部门间的协同联动。通过知识共享，不仅能够拓宽思路、启发灵感，更能形成标准统一的故障诊断和处置方法，从而不断提升整体的运营管理水平。

四、轨道车辆故障应急响应机制的建立与优化

（一）应急响应预案的制定与完善

应急响应预案是轨道车辆故障处理工作的重要指导性文件，对于提高故障处置效率、降低事故损失具有关键意义。科学合理的应急预案需要立足轨道交通运营实际，遵循应急管理规律，充分考虑各种可能出现的故障情景。这就要求预案编制者具备扎实的专业知识和丰富的实践经验，能够从系统角度分析故障发生的原因、演变过程和可能后果，并据此设计出行之有效的应对措施。

应急预案的制定应坚持"预防为主、预防与应急相结合"的原则。一方面，要重视日常安全管理，加强风险评估和隐患排查，最大限度地消除事故隐患；另一方面，要针对无法完全避免的突发情况，制定周密的应急方案，明确处置流程和保障措施。预案内容应涵盖事故报告、应急启动、救援行动、后期处置等各个环节，既要明确分工、落实责任，又要统筹协调、形成合力。

在预案执行中，快速反应和科学决策至关重要。这就要求应急指挥人员能够迅速准确地判断故障性质和严重程度，果断选择最优处置方案，调配充足的人力物力资源。同时，要充分发挥专家队伍的智力支持作用，借助信息化手段提高决策的科学性和时效性。在处置过程中，还应与乘客做好沟通，及时准确发布信息，做好疏导安抚工作，避免次生事故的发生。

应急预案的生命力在于实践。再完美的预案，如果束之高阁、不接地气，也难以发挥实效。因此，轨道交通运营单位必须高度重视应急预案的宣贯培训和演练，确保全员掌握预案内容，熟悉工作程序，具备实战能力。通过开展多样化、针对性强的桌面推演、功能演练和综合演习，及时发现和解决预案在实际运行中存在的问题，不断修订完善，使之更加符合实际需要。

此外，应急预案的制定与完善还应立足行业前沿，学习和借鉴国内外先进经验。要密切关注轨道交通技术发展动态，积极引入新理念、新技术、新装备，为预案注入新的活力。同时，要加强与兄弟单位、科研院所的交流合作，通过经验分享、联合攻关等方式，不断提升预案的科学性和适用性。

应急响应预案的制定与完善需要运营单位在认真总结实践经验的基础上，与时俱进、开拓创新，形成一套切实管用、动态更新的制度体系。只有不断提高预案的针对性、可操作性和实效性，才能为应对各类突发事件提供强有力的

支撑，为乘客出行安全提供坚实保障，为城市轨道交通的可持续发展保驾护航。

（二）应急资源的配置与管理

应急资源是指在应对轨道车辆突发故障时所需的各类人力、物力和财力资源，包括应急抢修人员、备用零部件、专用工具设备、应急资金等。合理配置和高效管理这些资源，是保障应急响应及时有力的关键。

1. 应急抢修人员

轨道交通运营单位应根据线路规模、设备状况、故障风险等因素，科学测算应急抢修人员需求，合理确定人员规模和专业结构。在日常管理中，要加强应急抢修人员的业务培训和实战演练，提高其故障诊断、维修处置等专业技能。同时，建立应急抢修人员动态调配机制，根据故障发生的时间、地点、严重程度等情况，及时调集和部署合适的人员，确保第一时间赶赴现场、展开抢修。

2. 备用零部件

运营单位应对轨道车辆的关键部件，如牵引电机、制动装置、受电弓等进行重点管控，根据部件的故障率、维修周期、采购周期等因素，合理确定备品备件的储备规模和结构。在备品备件管理中，要严格执行验收入库、定期盘点、先进先出等制度，确保备品备件质量可靠、储备充足。此外，还要加强与设备制造商、零部件供应商的协作，建立快速供货响应机制，必要时可以实行区域内备品备件共享，提高资源使用效率。

3. 专用工具设备

轨道车辆的结构复杂、技术含量高，抢修过程中需要使用大量专用工具设备，如轨道车辆举升设备、转向架拆装设备、牵引电机吊装设备等。运营单位应全面盘点应急所需的专用工具设备，统一规划、合理配置，确保种类齐全、数量充足。在管理中，要建立专用工具设备的定期检查、维护、校准等制度，确保其性能稳定、状态完好。同时，加强专用工具设备的创新研发，针对轨道车辆新技术、新材料、新结构，及时开发配套的抢修装备，提高应急处置的专业化水平。

4. 应急资金

轨道车辆故障抢修需要大量资金投入，如备品备件采购、抢修设备租赁、人员加班补贴等。运营单位应将应急资金纳入年度财务预算，设立专项资金账户，并建立使用监管机制，确保专款专用。在应急资金管理中，要严格执行申请、审批、拨付等程序，加强资金使用全过程的监督控制，提高资金使用效益。同时，创新应急资金保障机制，通过购买商业保险、发行应急专项债券等方式，拓宽资金筹措渠道。

（三）应急演练与培训机制

应急演练与培训机制是轨道车辆故障应急响应体系的重要组成部分，通过模拟真实故障场景，检验应急预案的可行性，锻炼应急人员的实战能力，提高应急响应的协同水平，从而确保在突发事件发生时能够快速、高效、有序地开展应急处置工作。

科学设计应急演练方案是提高演练效果的关键。应急演练方案应根据轨道车辆运营实际和可能发生的故障类型，设计不同的事故情景，明确演练目标、规模、时间、地点、参与人员等要素。在方案设计过程中，要充分考虑各种突发情况和极端条件，增加演练的复杂性和难度，以检验应急预案的全面性和可操作性。同时，应急演练方案还应包括演练效果评估和总结反馈机制，通过客观分析演练中暴露出的问题和不足，持续优化并完善应急预案和处置流程。

定期开展应急演练是保持应急响应能力的有效手段。轨道车辆运营单位应根据实际情况，制定年度和月度应急演练计划，采取定期与不定期相结合、部分演练与全面演练相结合的方式，多角度、多层次、多方位地开展应急演练。通过频繁的演练，应急人员能够熟悉各自的职责分工和操作流程，提高应对突发事件的组织协调和快速反应能力。与此同时，定期开展应急演练还能及时发现应急物资储备、通信指挥、医疗救护等方面的短板和漏洞，为优化应急资源配置提供决策依据。

强化培训是做好应急演练的基础保障。应急培训内容应涵盖应急预案解读、救援技术、设备操作、安全防护、心理疏导等多个方面，通过理论学习和实操练习相结合的方式，全面提升应急人员的综合素质和专业技能。培训方式应灵活多样，可采取集中授课、在线学习、案例研讨、现场观摩等多种形式，提高培训的针对性和实效性。对于关键岗位和应急专业人员，还应开展针对性的强化培训和实战演练,使其熟练掌握各类故障的先期处置、应急抢修、现场救援等专项技术,成为应急处置的中坚力量。

建立多层次、多渠道的信息反馈机制也是保障应急演练质量的重要举措。应急指挥部门应当设立畅通的信息反馈渠道,及时收集、整理、分析演练各个环节的情况信息,发现并解决演练过程中存在的问题。演练参与人员也应通过会议总结、书面报告、调查问卷等多种方式,客观反映演练中的真实感受和意见与建议,为应急预案的修订和完善提供第一手资料。同时,建立健全的信息共享平台,加强与相关部门单位的协同联动,有助于快速获取各方信息,提高应急决策的科学性和有效性。

通过常态化开展应急演练,大力加强应急培训,建立并完善应急信息网络,可不断提升应急人员素质和应急处置效率,为维护轨道交通安全运营提供坚实保障,为人民群众安全便捷出行创造良好条件。只有把应急演练培训机制落到实处,才能筑牢轨道交通安全运行的坚实防线。

第三节 轨道车辆故障预测与预防性维护策略

一、轨道车辆故障预测的基本原理

(一)故障预测的数据挖掘方法

数据挖掘技术是实现故障预测的重要手段之一,其基本原理是利用机器学习、统计分析等方法,从海量、复杂、多源异构的数据中发现隐藏的模式和规律,进而建立故障预测模型。

在轨道车辆领域,数据挖掘主要针对车载传感器采集的振动、温度、速度等状态监测数据,以及车辆检修、保养记录等历史数据展开。通过对这些数据的预处理、特征提取、模式识别和知识发现,可以揭示车辆部件或系统性能退化的内在规律,判断其健康状态和剩余寿命。常用的数据挖掘方法包括关联规则挖掘、时间序列分析、聚类分析和分类预测等。例如,利用关联规则挖掘,可以发现不同故障之间的关联性,推断故障的传播路径和影响范围;利用时间序列分析,可以刻画故障发生的动态过程,预测其演化趋势;利用聚类分析,可以将故障样本划分为不同的类别,识别典型故障模式;利用分类预测,可以根据当前状态参数估计故障发生的概率，判断系统的健康水平。

值得注意的是，轨道车辆系统结构复杂，涉及机械、电气、液压、控制等多个专业领域，不同子系统之间存在错综复杂的耦合关系。因此，单一的数据挖掘方法往往难以满足故障预测的需求，需要综合运用多种方法，构建集成化的预测模型。同时，由于轨道车辆运行工况多变，各种干扰因素交织，数据的非线性、非平稳性较强，给建模分析带来很大挑战。为了提高故障预测的准确性和健壮性，必须在数据预处理阶段采取降噪、平滑、归一化等措施，并引入领域知识对数据进行约束和优化。此外，模型的泛化能力也是需要重点考虑的问题，要通过交叉验证等方式合理划分训练集和测试集，避免过拟合和欠拟合现象的发生。

（二）故障预测的统计学模型

与传统的故障诊断方法相比，基于统计学的预测模型能够更加全面、准确地捕捉故障发生的内在规律，为轨道车辆的安全运行提供可靠保障。通过对海量历史运行数据进行挖掘和分析，统计学模型能够识别出隐藏在数据背后的故障模式和预兆信息，从而实现对未来故障的预警和预报。

在统计学模型的构建过程中，数据质量是关键所在。只有基于高质量、全面性的历史数据，才能训练出性能优越的预测模型。因此，轨道车辆运营单位需要建立完善的数据采集和管理体系，确保数据的准确性、一致性和完整性。同时，要注重数据的预处理和特征工程，通过异常值剔除、缺失值填充、特征选择等手段，提高数据质量，为模型训练奠定坚实基础。

在众多统计学模型中，生存分析模型因其独特的优势而备受青睐。生存分析模型能够有效处理故障数据中普遍存在的截断和删失问题，充分利用了未发生故障的设备信息，提高了模型的预测准确性。通过建立合适的生存分布函数，如威布尔分布、对数正态分布等，生存分析模型能够估计出设备在未来某个时间点发生故障的概率，为预防性维护策略的制定提供量化依据。

另一类广泛应用的统计学模型是时间序列模型。轨道车辆的运行状态具有明显的时间相关性，某些故障的发生往往与之前的状态变化密切相关。时间序列模型能够捕捉这种动态变化规律，通过对历史数据的建模和拟合，预测未来一段时间内故障发生的可能性。常用的时间序列模型包括自回归移动平均模型（ARMA）、自回归积分移动平均模型（ARIMA）、季节性 ARIMA 模型等，它们在轨道车辆故障预测中都取得了良好的应用效果。

此外，贝叶斯网络模型也是轨道车辆故障预测中的重要工具。贝叶斯网络能够建立起故障之间的因果关系网络，揭示故障发生的内在机理。通过融合专家经验和数据驱动的方法，贝叶斯网络模型能够综合考虑影响故障的多重因素，如环境因素、载荷因素、材料因素等，从而做出更加全面、客观的预测。同时，贝叶斯网络具有良好的不确定性表达能力，能够量化故障预测结果的可信度，为决策者提供更丰富的信息。

统计学模型在轨道车辆故障预测中的应用，极大地提升了预测的科学性和实效性。但也要认识到，模型的预测能力离不开工程专家的经验知识。只有将定量的统计模型与定性的专家经验有机结合，才能真正发挥出故障预测的最大效用。未来，随着大数据、云计算、人工智能等技术的进一步发展，统计学模型必将在轨道车辆故障预测领域扮演更加重要的角色，为轨道交通的安全、高效、智能化运营注入新的活力。

（三）故障预测的人工智能算法

传统的故障预测方法主要依赖于专家经验和统计学模型，但面对日益复杂的轨道车辆系统和海量的运行数据，这些方法往往难以满足实际需求。而人工智能算法凭借其强大的学习和泛化能力，为轨道车辆故障预测提供了新的思路和方法。

神经网络是人工智能领域最为经典和广泛应用的算法之一。它通过模拟人脑神经元的工作原理，构建起多层次的信息处理结构，能够自动学习数据中蕴含的复杂模式和关系。在轨道车辆故障预测中，研究人员通过构建深度神经网络模型，输入车辆各个子系统的运行参数和状态数据，经过多层非线性变换和特征提取，最终输出故障发生的概率。这种端到端的学习方式无须人工设计特征，大大降低了预测模型的开发难度。同时，深度神经网络还能够挖掘出人眼难以发现的隐藏模式，提高故障预测的准确性。

SVM 是另一种在轨道车辆故障预测中广受青睐的机器学习算法。它基于结构风险最小化原则，在特征空间中寻找最优的分类超平面，具有很好的泛化性能。在应用 SVM 进行故障预测时，首先需要根据专家知识和经验，选取最能反映故障特征的指标作为输入，如轴承振动、齿轮磨损、电机电流等。然后，通过训练 SVM 模型，学习不同故障模式下输入特征的分布规律。在预测阶段，将新的车辆运行数据输入到训练好的 SVM 模型中，即可判断当前状态下故障发生的可能性。相比于神经网络，SVM 具有更好的解释性和健壮性，适用于小样本、非线性、高维度的故障预测问题。

随着大数据技术的发展，基于知识图谱的故障预测方法也开始崭露头角。知识图谱是一种结构化的知识库，它以图的形式表示各种实体（如车辆部件、故障模式）之间的语义关联。通过挖掘海量的结构化和非结构化数据，如设备手册、维修记录、传感器数据等，可以构建起完整的轨道车辆知识图谱。在此基础上，研究人员利用图卷积神经网络、图注意力网络等算法，直接在知识图谱上进行推理和学习，预测潜在的故障风险。这种融合先验知识和数据驱动的预测方法，不仅充分利用了领域专家的经验，还能根据实时数据动态更新知识图谱，具有更强的适应性和可解释性。

二、轨道车辆健康监测技术

（一）轨道车辆健康状态评估

随着轨道交通网络的不断扩张和运营强度的持续增加，车辆健康状态的实时监测和精准评估对于保障行车安全、提高运输效率、降低运营成本具有重要意义。传统的车辆检修主要依赖于人工经验和定期检查，存在响应滞后、准确性不足等问题。而随着传感技术、数据分析、人工智能等领域的快速发展，基于海量运行数据的车辆健康智能诊断与预测性维护已成为可能。

构建科学、全面的车辆健康评估指标体系是开展状态监测与故障诊断的基础。这一指标体系需要综合考虑车辆结构特点、运行工况、故障模式等多方面因素。就车辆结构而言，轨道车辆通常由车体、转向架、牵引系统、制动系统、辅助系统等多个子系统组成，各子系统又包含众多关键部件。因此，车辆健康评估指标既要涵盖各子系统和关键部件的性能参数，如车轮踏面状态、牵引电机温度、制动距离等，也要兼顾这些参数之间的关系。就运行工况而言，轨道车辆所处的环境复杂多变，如隧道、高架、地面等区间类型，以及温度、湿度、载客率的动态变化，都会对车辆部件产生不同程度的影响。因此，车辆健康评估需要充分考虑环境和工况因素，建立动态调整机制。就故障模式而言，轨道车辆可能面临各种类型的功能性退化和结构性损伤，包括疲劳、磨损、变形、腐蚀、松动等。不同故障模式对车辆安全性、可用性的影响程度不同，需要在评估指标中体现其风险等级和紧迫程度。总之，构建涵盖车辆全生命周期、适应复杂工况、面向多模式故障的健康评估指标体系，是准确刻画车辆状态的关键。

在明确评估指标的基础上，轨道车辆健康状态评估还需要解决数据采集、特征提取、状态识别等一系列技术问题。首先，要根据评估指标的需求，优化车载传感器的类型、数量和布置方案，实现车辆状态数据的全面采集和高效传输。这些数据与车辆运行息息相关，其种类繁多、体量庞大，对数据管理和计算平台提出了较高要求。其次，采集到的原始数据往往夹杂着大量的冗余和噪声，很难直接用于状态评估。因此，需要运用信号处理、特征工程等技术，从海量数据中提取反映车辆健康状态的关键特征，如振动频谱、温度趋势、电流波形等。这一过程需要人们深入理解车辆的物理机理，融合机械、电气、材料等多学科知识。再次，利用机器学习、深度学习等智能算法，建立从特征到健康状态的映射模型，实现状态的自动识别和量化评估。由于轨道车辆的故障模式复杂、工况条件多变，单一的建模方法往往难以满足实际需求。因此，需要综合运用多种算法，如支持向量机、随机森林、卷积神经网络等，提高评估模型的精度和健壮性。同时，要重视评估结果的可解释性，便于运维人员进行决策和干预。

轨道车辆健康状态评估的最终目标是实现车辆的全寿命周期管理和状态预测，为运营组织和检修策略提供数据支撑。通过持续积累多车型、跨线路、长时序的车辆状态数据，结合仿真模型和统计分析工具，可以从宏观角度研究车辆性能退化的一般规律，从而制定差异化的定检方案和维修计划，减少过度或不足检修。基于健康评估预测车辆未来的状态趋势，有助于提前采取预防性维护措施，如状态监测、故障隔离、主动控制等，避免故障的发生或扩大。而利用当前状态信息进行实时调度，可以合理匹配车辆与线路、优化列车编组、动态限速等，在保障安全的前提下提高运力利用率。可以预见，随着轨道交通行业数字化转型的深入推进，车辆健康状态评估必将从单一、静态、事后的模式，向动态感知、智能决策、闭环控制的方向发展，最终形成具有自我优化、自适应能力的车辆健康管理体系。这对于提升轨道交通系统的本质安全、运营效率和服务品质具有重大意义。

在多制式协同互联的背景下，评估范围要从单一车辆拓展到列车、从单一线路拓展到网络。在列车智能化、自动化水平不断提升的背景下，评估对象从机械部件为主拓展到传感器、控制器等智能单元。在绿色节能压力持续加大的背景下，减少能耗、噪声等指标要纳入评估体系。总之，站在时代发展的高度，以开放、融合、创新的视角审视轨道车辆健康状态评估，对于提升轨道交通的发展质量和核心竞争力具有重要的战略意义。这不仅关乎运输安全和效率，更关乎广大人民群众的获得感、幸福感、安全感。让我们携手并进，共同推动轨道车辆健康状态评估技术的创新发展，为智慧城市、美好生活贡献智慧和力量。

（二）车载监测与地面监测技术

车载监测系统通过在车辆上安装各类传感器和数据采集设备，实时监测车辆的运行状态和部件健康状况。这些传感器可以覆盖车辆的各个关键部位，如轮对、牵引电机、制动系统、车钩等，采集振动、温度、电流等多种类型的信号数据。通过对这些海量监测数据的分析和挖掘，可以及早发现车辆潜在的故障隐患，为制定针对性的检修计划提供依据。

地面监测系统则侧重于对车辆和轨道的外部状态进行监测。地面监测设备通常布置在线路沿线的关键位置，如车站、区间、道岔等，对通过的车辆进行图像采集、尺寸测量、部件检测等。这些设备采用机器视觉、激光雷达等先进技术，可以快速、精确地获取车辆外观及关键部件的状态信息。地面监测数据与车载监测数据相互补充，共同构建起全面的车辆状态感知体系。

值得注意的是，车载监测与地面监测产生的海量数据需要通过专用的传输网络实现高效回传和集中管理。铁路部门通常建设专门的车地通信网络，采用GSM-R、LTE-R等通信技术，保障监测数据的实时性和可靠性。集中的数据管理平台则负责对回传数据进行存储、处理和分析，并为故障预警、辅助决策等应用提供数据支撑。

高效融合车载监测与地面监测数据是发挥协同优势的关键。通过时空对齐、特征融合等技术，可以将车载和地面的多源异构数据有机结合起来，构建车辆部件全生命周期的健康档案。这种数据融合不仅能够提高监测数据的可靠性和精准度，还能够从全局视角更加全面地把握车辆状态，挖掘深层次的故障演化规律。数据驱动的故障预测和健康管理，正是数据融合应用的重要方向。

国内外铁路系统普遍采用车载监测与地面监测技术建立起覆盖全路网的车辆在线监测体系。监测数据的分析应用有效提升了故障预警的及时性和准确性，为实施预防性维修提供了可靠依据，显著降低了运营事故风险，提高了运输效率。但必须看到，当前监测数据的应用深度还有待提升，特别是跨专业、跨系统的数据融合应用还处于起步阶段，亟须加大研发力度。

未来，车载监测与地面监测技术必将向着智能化、网络化、标准化的方向发展。智能传感器、边缘计算、人工智能等新技术的引入，将极大提升数据采集与分析的效率和精度。高速泛在的车地通信网络将实现监测设备的互联互通，形成分布式协同的监测架构。统一的数据标准和接口规范则有利于监测数据的共享开放，最大化发挥数据价值。可以预见，未来轨道车辆的运维将建立在完备的监测网络和海量监测大数据的基础之上，向着智慧化运维、精准化服务的目标不断迈进。

车载监测和地面监测技术相辅相成、优势互补，共同构建起全面立体的车辆状态感知体系。伴随着新一代信息技术的发展，轨道交通行业必将进一步强化对车载和地面监测数据的融合应用，依托数据优势实现由被动的事后维修向主动的预防维护的转变。可以期待，在"监测＋数据＋智能"的新范式下，轨道交通运维必将迎来质的飞跃。

（三）监测数据分析与故障预警

轨道车辆通过采集和分析车辆运行状态数据，及时发现潜在故障，为制定维修策略提供决策支持。健康状态评估是监测技术的基础，主要包括零部件寿命预估、故障模式识别等内容。建立完善的车载监测系统和地面监测系统，能够全面采集车辆动态响应、结构应力、环境参数等多源异构数据。车载监测系统一般由传感器网络、数据采集单元、边缘计算单元等组成，实现数据的实时采集、预处理和初步分析。而地面监测系统则包括数据中心、故障诊断平台等，负责深度挖掘数据中蕴含的故障征兆，形成预警信息。

监测数据分析是健康监测技术的核心环节。首先需要对采集到的海量监测数据进行清洗和特征提取，去除其中的冗余和噪声，提高数据质量。然后利用机器学习、深度学习等人工智能算法，建立车辆健康状态评估模型，实现故障模式的自动识别和故障严重程度的量化评估。基于评估结果，可以及时预警临界状态，制定针对性的检修计划。此外，还可以通过数据可视化技术，直观呈现车辆健康状态的变化趋势，辅助运维人员进行决策。

轨道车辆健康监测数据具有高维度、非线性、时变等特点，给数据分析带来了挑战。传统的统计学模型难以有效处理如此复杂的数据，而先进的人工智能算法则展现出独特优势。例如，深度神经网络能够自动学习数据中的高阶特征，建立起端到端的故障诊断模型。长短时记忆网络善于处理时序数据，可以捕捉车辆退化过程中的动态变化规律。集成学习通过组合多个基学习器，能够显著提升故障诊断的准确率和稳健性。图神经网络擅长处理车辆复杂的拓扑结构，挖掘零部件间的关联模式。这些算法的应用极大地拓展了监测数据分析的广度和深度。

尽管人工智能算法在轨道车辆故障诊断中展现出了巨大潜力,但仍然存在一些亟待解决的问题。首先,算法的可解释性有待加强。由于神经网络的"黑箱"特性,诊断结果缺乏透明度,难以让人完全信服。其次,算法的泛化能力有待提高。目前的诊断模型大多针对特定型号、特定工况,应用到新的场景中时性能可能大打折扣。此外,还需要加强算法的健壮性,提高对数据缺失、噪声干扰的容忍度。未来,可以考虑引入知识图谱、因果推断等技术,赋予算法更强的解释性和泛化性。同时,采用主动学习策略,利用人机交互不断优化模型,提升诊断性能。

轨道车辆健康监测技术通过车载监测、地面监测等方式,实现车辆运行状态的全面感知。海量监测数据蕴含着丰富的故障信息,利用先进的人工智能算法进行深度分析,能够准确预警车辆故障,指导预防性维护策略的制定。未来,还需要攻克算法可解释性、泛化性等难题,不断提升故障预测和健康管理的智能化水平,为轨道车辆的安全、可靠、高效运行提供坚实保障。

三、轨道车辆预防性维护策略的制定与实施

(一) 预防性维护策略的制定原则

轨道车辆预防性维护策略的制定需要充分考虑轨道车辆的技术特点、运营环境、故障模式等多方面因素,遵循系统性、经济性、可行性等基本原则。

1. 系统性原则

预防性维护策略必须立足于轨道车辆系统的整体性,综合考虑车辆各子系统、部件之间的相互关系和影响。轨道车辆是一个复杂的大系统,由车体、转向架、牵引系统、制动系统、供电系统、通信系统等多个子系统组成。这些子系统之间存在着错综复杂的接口关系,彼此影响、相互制约。因此,预防性维护不能局限于单个部件或子系统,而应从大系统的角度出发,统筹兼顾、优化组合。例如,在制定车轮预防性维护策略时,不仅要考虑车轮本身的磨耗规律,还要分析车轮与钢轨、制动系统之间的相互作用,权衡车轮型面、制动盘、闸瓦等部件的匹配关系,由此制定出最优的整体方案。

2. 经济性原则

预防性维护策略要在保证安全可靠的前提下,最大限度地降低维护成本,

提高经济效益。预防性维护的目的是通过事前预防和控制，减小故障发生的概率，延长部件的使用寿命，从而节约维修费用。然而，过于频繁或不必要的预防性维护也会带来额外的人力、物力消耗，增加运营成本。因此，制定预防性维护策略必须精打细算，科学安排，在安全与成本之间找到最佳平衡点。比如，对于某些关键部件如受电弓、轮对等，可适当缩短维护周期，加大维护力度，以确保安全；而对于一些辅助部件，如照明系统、门控系统等，则可根据其重要程度和故障率，适当延长维护周期，减少维护次数，以节约成本。

3. 可行性原则

预防性维护策略要切合实际，便于操作，保证维护效果。在制定维护策略时，必须充分考虑轨道车辆运营的客观条件，如线路环境、行车密度、维修基地能力等，确保维护方案能够付诸实施、落到实处。同时，要重视维护人员的技术水平和专业素质，采取必要的培训和考核措施，提高一线队伍的维护能力。维护方案要尽量简单易行，规范操作流程，确保每一项维护作业都能高质量完成。例如，在设计预防性维护的作业卡时，要合理划分作业步骤，明确技术要求，便于维护人员准确理解和执行；在选择维护工具和设备时，要兼顾性能与操作的便捷性，减轻一线员工的劳动强度。

除上述三个基本原则外，制定预防性维护策略还应注重信息化、智能化技术的应用。随着大数据、物联网、人工智能等新兴技术的快速发展，轨道车辆维护正从传统的"事后检修"向"预测维护"转变。通过在车辆上安装各类传感器，实时采集车辆状态数据，再利用大数据分析、机器学习算法，构建车辆健康评估模型，就能准确预测关键部件的剩余寿命和失效风险，为制定和优化预防性维护策略提供科学依据。同时，智能化的检测诊断设备、移动终端 App 等，也可以显著提升预防性维护的效率和精度，减轻维护人员的工作负担。因此，制定预防性维护策略必须顺应智能化的发展趋势，加大新技术、新装备的引进和应用力度，实现维护过程的自动化、标准化、专业化，不断提升预防性维护的科学化水平。

（二）预防性维护策略的实施流程

预防性维护策略的实施目的在于最大限度地减少设备故障，延长设备使用寿命，提高系统可靠性。为了有效实施预防性维护策略，需要遵循科学合理的实施流程，确保维护工作的针对性和有效性。

1. 制定预防性维护计划

维护计划应基于设备的重要性、故障模式、故障影响等因素，综合考虑维护资源的配置，合理安排维护频次和内容。计划的制定应充分吸收前期故障数据分析的结果，针对性地确定关键部件和薄弱环节。同时，维护计划还应具有一定的灵活性，能够根据实际情况进行动态调整。

2. 维护任务的分解和下达

维护任务应明确责任人、执行时间、所需资源等要素，确保各项工作有序开展。对于复杂的维护项目，可采用工作分解结构（WBS）的方式，将任务逐级分解，明确各层级的职责和交付物。在任务分解的基础上，还应建立完善的沟通协调机制，确保相关人员之间的信息共享和协同配合。

3. 预防性维护的执行质量

维护人员应严格按照规范流程开展工作，规范使用工具和设备，做好安全防护。对于关键工序和特殊作业，应加强现场监督和指导，必要时可邀请专家进行技术支持。在维护过程中，还应做好数据的采集和记录工作，为后续的分析和改进提供依据。

4. 维护效果的评估和反馈

通过对维护前后设备状态的对比分析，可以直观地评判维护的有效性。同时，还应跟踪设备后续运行情况，持续观察故障发生频次和影响程度的变化趋势。对于效果明显的维护措施，应及时总结推广；对于存在偏差或不足的环节，则应深入分析原因，制定纠偏和改进方案，不断优化预防性维护策略。

综上所述，预防性维护策略的实施流程包括维护计划的制定、任务分解与下达、维护执行、效果评估与反馈等关键环节。这一流程不仅强调事前的谋划和准备，更注重事中的管控和事后的优化改进。只有环环相扣、步步到位，才能充分发挥预防性维护策略的效用，实现轨道车辆安全、可靠、高效运行的目标。

未来，随着轨道车辆智能化水平的不断提升，预防性维护策略的实施流程也将随之优化升级。一方面，车载监测装置、地面检测设备等的广泛应用，将为维护决策提供更加丰富、准确的数据支撑。另一方面，大数据分析、人工智能等新兴技术在预防性维护领域的深度应用，将极大提升维护计划的科学性和维护效果的精准性。面对这些新的机遇和挑战，轨道交通运营商需要与时俱进，持续优化完善预防性维护策略及其实施流程，为行业高质量发展贡献力量。

（三）预防性维护策略的效果评估

从宏观层面看，预防性维护策略的效果评估应立足于企业的整体发展战略，综合考虑安全性、可靠性、经济性等多方面因素。具体而言，可以从设备完好率、故障率、维修成本、停机时间等关键指标入手，通过纵向对比和横向比较，客观评判预防性维护策略的实施成效。

在评估过程中，需要重点关注预防性维护策略对设备健康状态的影响。通过对设备运行数据的采集和分析，可以准确掌握设备的磨损程度、剩余寿命等关键信息，为优化维护策略提供依据。例如，对于某关键设备，在实施预防性维护前，其故障率为 5%，平均故障间隔时间为 1000 小时；而在实施预防性维护后，故障率降至 1%，平均故障间隔时间延长至 5000 小时。通过对比分析，可以发现预防性维护策略有效提升了设备的可靠性和稳定性，延长了其使用寿命。

预防性维护策略的效果评估还应关注其经济性，权衡投入产出比。一方面，实施预防性维护需要投入一定的人力、物力和财力，购置先进的检测诊断设备，开展定期的维护保养等，这些都需要成本支出；另一方面，预防性维护通过减少停机时间、延长设备使用寿命、提高生产效率，可以创造可观的经济效益。因此，效果评估需要系统核算预防性维护的成本收益，科学评判其投资回报率。以某生产线为例，实施预防性维护每年需要投入 50 万元，但因设备故障导致的停产损失由原来的 100 万元降至 10 万元，维修费用也由 30 万元减至 5 万元，经济效益十分显著。

不仅如此，预防性维护策略的社会效益也应纳入效果评估的视野。设备的可靠运行关乎企业声誉和公众安全，一旦发生重大事故，不仅会给企业带来巨大的经济损失，更会造成恶劣的社会影响。预防性维护通过降低设备故障风险，保障生产安全，减少环境污染，为企业履行社会责任、树立良好形象创造了条件。这些社会效益虽然难以量化，但对企业的可持续发展至关重要。

此外，预防性维护策略的效果评估还需要注重动态跟踪和持续改进。设备状态、生产工艺、外部环境都在不断变化，预防性维护策略也应与时俱进，持续优化。通过建立完善的数据采集和分析系统，动态监测预防性维护实施过程，并根据反馈信息及时调整策略，才能保证其适应性和有效性。同时，效果评估不应是一次性的行为，而应形成常态化机制，定期总结经验教训，持续改进完善。只有如此，才能真正发挥预防性维护策略的价值，为企业的长远发展提供坚实保障。

参考文献

[1] 张程光. 城市轨道交通车辆检修 [M]. 沈阳：东北大学出版社，2022.

[2] 王艳荣. 城市轨道交通车辆电气检修 [M]. 上海：上海科学技术出版社，2020.

[3] 张庆玲，王新铭，韩玉辉. 城市轨道交通车辆电气系统 [M]. 北京：北京理工大学出版社，2021.

[4] 马汉林. 城市轨道交通列车电气设备检修 [M]. 成都：西南交通大学出版社，2022.

[5] 李广军，倪志江. 城市轨道交通车辆构造 [M]. 成都：西南交通大学出版社，2021.

[6] 何庆，王平. 高速铁路轨道不平顺大数据分析与智能维修 [M]. 成都：西南交通大学出版社，2022.

[7] 冉虎珍，王瑾. 动车组制造与修理工艺 [M]. 成都：西南交通大学出版社，2021.

[8] 臧利国，董世昌. 城市轨道交通车辆运行控制 [M]. 北京：机械工业出版社，2023.

[9] 刘高军. 城市轨道交通车辆技术与维护 [M]. 成都：西南交通大学出版社，2020.

[10] 操杰，罗明玉，苏培. 城市轨道交通概论 [M]. 武汉：华中科技大学出版社，2023.

[11] 王治根. 车辆检修工艺设备操作与维修 [M]. 重庆：重庆大学出版社，2020.

[12] 靳炜，史艳楠，王欲进. 汽车检测与诊断技术 [M]. 北京：北京理工大学出版社，2022.

[13] 杜彩霞，谢鹏程. 城市轨道交通车辆构造与检修 [M]. 北京：机械工业出版社，2023.

[14] 曾青中，袁泉. 轨道车辆空调系统检修与维护 [M]. 成都：西南交通大学出版社，2021.

[15] 李益民，禹建伟. 城市轨道交通车辆制动系统维护与检修 [M]. 成都：西南交通大学出版社，2023.